新世紀叢書

當代重要思潮・人文心靈・宗教
社會文化關懷

我思，故我笑
哲學的幽默

I Think, Therefore I Laugh

包洛斯(John Allen Paulos)◎著

陳瑞麟◎校訂

古秀鈴、蔡政宏、蔡偉鼎◎譯

英文版相關評論

包洛斯在一個難忘的玩笑中,掌握困難觀念的能力十分卓越。我從來沒有想得這麼深,也笑得這麼多。

——Brian Butterworth, author of
What Counts: How Every Brain is Hardwired for Math

如果你像我一樣,是個在邏輯謎題和荒謬性上發現樂趣的人,你會在包洛斯的《我思,故我笑》中找到豐富的內涵。另一方面,如果你覺得像包洛斯和我這一類的人們很無聊,無論如何,你應該翻翻他的書,目的是去看看你失去什麼了。

——Ted Cohen, author of
Jokes: Philosophical Thoughts on Joking Matters

佩服⋯⋯你可以在兩個小時中讀完本書。幸運的是,這兩個小時是你所曾花掉的最具啟發性而且最有益處的一百二十分鐘。

——Henry Kisor, *Chicago Sun-Times*

如果一般人真的理解了這本不可思議與重要的書中的觀念,我們的社會將會變得難以想像地不同。

——Douglas R. Hofstadter, author of
Gödel, Escher, Bach

〈推薦①〉

我思，故我笑與我笑，故我思

林正弘（台灣大學哲學系教授）

　　任何兩件表面上不相干的事，你若刻意牽線，都有可能找出其間的關聯。那麼，哲學和笑話有什麼關聯呢？它們確有些相同之處。要聽懂笑話需要一些知識或常識，反應不能太遲鈍。要瞭解哲學也需要一些必備知識。哲學的大部分內容是對人類文化各領域（例如：道德、法律、宗教、知識等等）的反思。若對這些領域一無所知，則無法瞭解這些反思。除了知識之外，要瞭解哲學也必須有相當的敏銳度，足以看出事象背後所隱藏的意涵，至少在他人點出之後應能有所領悟。

　　本書以幽默輕鬆的筆調，深入的介紹非常嚴肅的哲學議題與學說。書名「我思，故我笑」很清楚的指示其特性：用心思考就會讀懂書中內容，也就會發笑，開懷大笑或會心微笑。其實，書名只說對了一半，它沒有說的另一半是：我笑，故我思。因為書中內容令你發笑，表示你已讀懂了它的內容，已經思考過了。

　　讀哲學書，沒有理由一定要愁眉苦臉或裝出一副聖人嘴臉。本書引導我們在笑聲中登上哲學的殿堂，能否走入密室，則看各人的造化了。

〈推薦②〉
邏輯是思想的錘鍊

傅佩榮（台灣大學哲學系教授）

　　人的思想與生活相關，還可以超離生活而獨立運作。如果熟悉其運作規則，不妨進行自成一格的心智遊戲。這是一般人對邏輯的看法，現在，新的機會出現了，《我思，故我笑》所展示的是思辨的高度趣味。它在表面上使人望而卻步，因為：一，有些推論過程需要「腦筋急轉彎」的準備；二，邏輯表面夾雜不少數學符號；三，語詞的歧義與幽默是以英文為原版，一翻譯就走了樣。

　　越是心存上述顧慮的人，越有必要鼓起勇氣唸這本書。首先，讓自己靜下來，看一段想一段，把例句轉移到自己身邊的人物與事件，再作一番印證的工夫。一路走下來，不覺思慮清明，海闊天空，並發覺原來邏輯是思想的錘鍊，然後自然發出會心的微笑。

〈推薦③〉
在哲學術語叢林中思尋

楊金穆（台灣大學哲學系副教授）

　　哲學似乎是一浩瀚無垠的術語叢林（terminology jungle），如何切入是難，一旦置身其中，如何全身而退更難。比起熱帶雨林有過之而無不及。畢竟只要你有足夠的勇氣、膽識、體力與裝備，再加上一點點幸運之神的關愛，遲早可在雨林中殺出一條生路。而一旦置身在哲學這術語叢林中，所謂的有跡可循，只不過是攀援著自認為能掌握的概念而已。不幸的是，所謂的哲學概念往往只能用那些高度抽象（abstract）與極端普遍性（generality）的術語來表達。尤其自笛卡兒以降，以系統化知識之建構為終極指標之訴求，已使哲學殿堂中充斥著僵硬、冷峻且難以捉摸的術語。

　　在本書中，作者另闢蹊徑，利用詭論、軼聞與詼諧戲謔的隱喻來引領讀者探索那些似乎是不可捉摸的哲學術語；進而揭示這些術語所欲傳達的，本質上並不外於吾人日常生活所關懷的。究其實，哲學不外乎是開放社會中自由心靈對人及所在世界之關懷之所思而已。一有所思，無論有得與否，皆可付諸一笑，「我思，故我笑」或許此之謂。

〈 推薦④ 〉
分析哲學的極佳入門

莊文瑞（東吳大學哲學系副教授）

　　「爲了坦率、勇敢地回應世界，幽默和哲學兩種活動都預設一個走出固定角色、固定規則和固定程序的自由心智。」幽默和哲學是人類特有的超越自身和處境的能力，使人活得更像人──從動物性存有提升到精神的、神性的存有。

　　《我思，故我笑》是充滿幽默的哲學書，用輕鬆的笑譚、清晰的思維，深探分析哲學的諸多論題，可說是極佳的當代分析哲學入門書。輕薄短小，卻不失思想的重量；既能訓練哲學解析的基本能力，又能藉幽默笑話測試頭腦靈活敏悟的程度。

　　自由心智和靈敏頭腦是面對複雜人生的點金石。《我思，故我笑》好似把鍊金術士的祕密揭露了出來，讓每個讀者都可冶煉各自人生的點金石。

我思，故我笑

【目錄】全書總頁數 208 頁

◎譯者負責的章節：
古秀鈴：第二章、蔡政宏：第三章、蔡偉鼎：第一、四章

〈校訂序〉
我笑，故我思
◎陳瑞麟（東吳大學哲學系助理教授）

（哲學）教授：你有沒有聽過一隻搖頭豬的故事？

學生：什麼？

教授：就是有一隻豬，只要別人一問牠問題，牠就會一直搖頭。

（學生搖頭）

教授：哦，原來你就是那隻豬啊！

學生（恍然狀，大叫）：教授！您這種年紀、身分和學識，還開這種幼稚園小學生的玩笑！

教授：嘿，嘿，嘿……這你就有所不知了。這和哲學議題有很大的關係呢！

學生：什麼？和哲學議題有關？您晃點我啊。

教授：你知道悖論嗎？

（學生搖頭，教授有趣地看著他；學生發現了，再度大叫：「教授，您欺負我。」教授連忙正色：「對不起！開玩笑嘛。」）

（教授在黑板上寫下一個句子。）

(A)．(A)語句是假的

教授：這個句子就是悖論。

學生：為什麼？

教授：你認為它是真還是假？

學生：這……如果它是真的，它卻又說自己是假的，那麼它就是假的；如果它是假的，表示它說自己為假不對，所以，它就是真的。所以，它既假又真，既真又假。到底是真還是假？我被搞混了。

（學生搖頭不解狀）

教授：嗯，不錯。你的腦筋蠻清楚的啊，不必一直搖頭嘛！

學生：教授，您歧視豬哦，豬又不一定笨！

教授：對對。你是一隻聰明的搖頭豬。

（學生噘起嘴巴）

學生：到底悖論是什麼？

教授：就像(A)語句這種句子，當你設定它為真時，它就變成假，設定它為假時，它又變成真。

學生：似是而非？

教授：不。不能只說「似是而非」。勉強可說：「似是而非，似非而是」。就是既真又假，既假又真的情況嘛！你不可能決定它的真假的。

學生：那這和「搖頭豬」又有什麼關係？

教授：一般悖論，是因為「自我指稱」而產生的。你看，(A)語句中的主詞「(A)語句」指稱它自己，它說它自己為假。這就造成悖論。所以囉，當我問你有沒有聽過「一隻搖頭豬」的故事時，你搖頭，表示沒聽過搖頭豬的故事，我卻把你的「搖頭」動作，解釋成你就是故事中的那

隻豬……

學生：哦，所以，我搖頭的動作代表一種「自我指稱」？

教授：其實你沒有自我指稱的意思啦，而是我——或者這整個笑話——把你這個動作解釋成自我指稱，以便製造玩笑的焦點！

學生：嗯，這我懂了。但是，我搖頭的動作，並沒有形成悖論啊！

教授：沒錯。這笑話不是悖論，它的重點在自我指涉。但是，它蘊涵了一個避開「悖論」的方法。

學生：哦？

教授：一般人在這種情況，不會把搖頭看成「自我指稱」。搖頭是針對故事的，在故事之外，和故事中的「搖頭」處在完全不同的層次上。就好像電視劇裏的「阿扁和阿珍」和現實世界中的「阿扁和阿珍」，是在兩個截然不同的「世界」中。不能把兩個「世界」混淆在一起。

學生：所以，笑點就是因為混淆了兩個層次而產生；悖論也是因為混淆兩個不同的層次？

教授：對，很好，繼續繼續。

學生：如果我們不混淆兩個層次，悖論就不會發生，不是嗎？

教授：對，繼續，加油！

學生：因此，(A)語句本身和其主詞指稱的其實分屬兩個不同的層次。主詞「(A)語句」指稱的必定和語句所描述的世界在相同的層次上，而不能跨越到語句本身所屬的層

次。

　教授：對！非常好。一般我們稱語句中的主詞指稱的
是在「對象層次」上，而語句本身則是在後設層次上。主
詞「(A)語句」指稱的是另一個語句，在對象層次上的；而
不可以是在後設層次上的(A)語句本身。如此，就可以避開
悖論了。

　看了這段對話，您會有所領悟，又會心一笑嗎？
　如果是，恭喜您，您可以步入哲學的幽默殿堂了。

哲學？笑話？

　哲學？一般人聽到這個詞，要不肅然起敬，想到那些
莫測高深的智者；要不就皺起眉頭，暗想：頭殼壞掉的人
才會去搞的吧？相反地，人人都喜歡看笑話；雖然不見得
會每則必笑，但總比啃枯燥無趣的哲學書好玩吧？

　Ａ：你聽到「笑話」會笑嗎？
　Ｂ：會啊！
　Ａ：那你為什麼不笑？
　Ｂ：我為什麼要笑？
　Ａ：你不是說你自己聽到「笑話」會笑嗎？
　Ｂ：是啊！
　Ａ：那你為什麼不笑？
　Ｂ：什麼，你又沒講笑話？

A：我沒講嗎？我一開始，不就說了「笑話」？

B：＃＆＄︿＆……

　　如果一本結合哲學和笑話的書籍呢？大哲學家維根斯坦曾說：「我們完全可以只用笑話就寫出一本好的嚴肅哲學著作。」可惜，他自己並沒有去實現。但，這句話絕不只是個「笑話」。它的「深意」與「嚴肅」（以及維根斯坦的期望）已由本書作者包洛斯達成了。《我思，故我笑》可以說就是一本只用笑話寫出的嚴肅哲學著作。

　　乍看之下，實在很難想像，「嚴肅」和「笑話」如何能拉上關係？（或者，這種企圖本身就是個笑話？）但是，我想讀者不用懷疑，只要打開本書，不必正襟危坐，輕鬆地（慵懶地靠在扶手椅上，或隨性地坐在地上，音響放著輕快的旋律，泡一杯咖啡或一壺熱茶），神遊幽默的國度，同時，您也正在進入哲學的殿堂中。

語言遊戲，遊戲語言

　　一開場，包洛斯立刻給我們兩場幽默震撼。沒人能想到，性格嚴肅、飽受哲學問題折磨的維根斯坦，和《愛麗絲漫遊奇境》（一向被視為兒童故事）的作者卡羅，兩人在著作中的「遊戲」，居然就像「鏡裏鏡外」般——維根斯坦有著名的「語言遊戲」的觀念。卡羅則明顯地在《愛麗絲漫遊奇境》和《鏡中漫遊》中大玩「遊戲的語言」。也沒人能想像，著作等身的大哲學家羅素，居然和百老匯

的喜劇演員葛佬秋，在故障不動的電梯這種密閉狹窄的空間中，來場關於「悖論」的幽默對話。唔，理性碰到悖論，不就像人們身陷故障的電梯中？

接著是邏輯。

（天啊，饒了我吧！若P則Q，P或Q什麼的，P真Q假則若P則為Q為假……簡直令人頭痛之極）

如果您是一聽到「邏輯」兩個字的反應，就像括號中朋友一般，那很可惜，您將會失去很多頭腦體操的樂趣。事實上，第二章的重心，就是在本文中屢屢出現的「悖論」。讀者可以想想，日常生活中的很多幽默和笑話，不就是出於理性陷入困境當中嗎？而人們在這困境中，努力尋求出路的窘狀，不正值得人們對自己的處境發出智慧的微笑（但絕非嘲笑）？這似乎是苦中作樂。但也正是苦中作樂，才透顯出人的限制，與人生的微妙意義，不是嗎？

曾有位香港演員「每年」都宣稱，他只有二十五歲。如果他看過本書，他或許會改說：「到目前為止，我每年的生日歲數都不大於二十五歲，所以根據歸納法，以後我所有的生日歲數都不大於二十五歲。」這樣的說詞就有了堅實的「理論基礎」，他也不必再費心去整容拉皮、運動健身之類的，以便證明自己看起來真的只有二十五歲。

上述就是第三章「科學」（其實是「科學哲學」）的主題了。讀者可能會覺得奇怪，這樣應用歸納法對嗎？沒錯，的確有問題，但問題在哪裏？難道您不想試著去找出來？並且解決它？這正是哲學的樂趣啊！

《我思，故我笑》的「我笑，故我思」

本書的確是一本獨特出眾的哲學笑話集，但這也不代表您可以像看媒體雜誌上的笑話輯錄那般，不用腦力，一看就懂。誠如本書書名《我思，故我笑》，您必須稍作思考，才能體會其中幽默會心之處，或許能因此領悟到更深刻的「智慧」。**本書也不僅僅是輕鬆的笑話集，事實上，所有的笑話都環繞在困擾哲學家的哲學難題或概念上。**然而，在作者的奇思妙想之下，這些難題和概念都得到了最清楚的說明。譬如，令人聽之生畏的「哥德爾定理」，似乎很多人掛在口中，用來證明理性的不完備，但它的基本觀念如何？很少人能說得上來。現在，您可以在本書中讀到清楚幽默的闡明。

包洛斯是位數理邏輯家，因此他所創作的「笑話」，分屬邏輯、科學哲學、心智哲學和人工智慧這三大領域。它們都是二十世紀哲學家研究與思索的重心。毫無疑問，它們也將在二十一世紀繼續引領哲學風騷。欣賞本書並想通其中的笑點和幽默，您就能一窺當代哲學的宗廟之美和百官之富。同時，本書也很適於當作邏輯、科學哲學和心智哲學的輔助教材，相信透過「笑話」對諸哲學觀念的闡述，能夠大幅提昇學生對它們的興趣。

本書由台大哲研所三位同學合譯，依其專長而分配章節，他們的研究領域恰與本書節符。最後再由我作總校訂。在翻譯過程中，我們曾開過多次討論會，大家腦力激

盪，思考如何將用英語表達的幽默，傳神地轉譯成中文。部分困難之處，我們也都加上譯註，以便幫助讀者瞭解其笑點之所在。相信譯者們的努力，讀者應看得到，也笑得到。然而，我建議讀者在不明所以時，勿急躁地查閱譯註，先努力思考一番，究竟幽默處何在？經過一番深思激盪的笑果，必然更爲甜美！祝大家　開卷大笑。

〈英文第二版作者序〉

包洛斯（John Allen Paulos）

　　我已出了六本書，《我思，故我笑》是第二本。它已絕版一陣子了。哥倫比亞大學出版社(Columbia University Press)問我：有沒有興趣再版，並寫一篇新序？我立刻同意了。或許，出於作者眼光短淺的虛榮心，我總是喜歡這本小書。維根斯坦的妙想：整本都由笑話構成的哲學書，啓發了本書的寫作。因爲本書很快地絕版了，我把它當成小小的引用來源，所以，我的後續諸書之讀者，可能會讀到本書的一些片段。更何況，本書關切的十分類似我後來的諸書：誤解數學和科學與它們之間的關係、僞科學與它的訴求、機率和統計學的使用與誤用、幽默與「高階」努力、故事與數目之間的互動。

　　雖然我的博士學位是數學，特別是數理邏輯，但我對分析哲學和它的謎題十分感興趣。當我寫《我思，故我笑》時，這種哲學抽象與日常生活關懷之間的邊界似乎很值得探索，現在似乎依然如此。這個探索的報酬，大致上是知識之類的。回憶一下哲學家的一個定義：他是這種人——會注意那種會議，其主題是罪惡的判決標準；會發表論「時間」意義的論文；以及注意被監禁的共犯所面對的邏輯困境。既然社會、經濟與流行話題不是本書的焦點（它們是我後來兩本書的焦點），就不必一定要更新它的內容。除了消掉一些不適切的地方和少數錯誤外，我沒有

更動任何東西。

　　萬一我重寫本書，我會選擇稍微不同的哲學問題，以及不同的笑話和寓言，而且會以更悠閒的步調來發展它們。目前的內容有一點冷酷、一點偏離。儘管如此，我再次重申且支持本書的主要洞見：概念上的幽默與分析哲學在非常深刻的層次上彼此和諧共鳴。你聽過卡林(George Carlin)與葛佬秋(Groucho Marx)向諾吉克(Robert Nozick)與羅素(Bertrand Russell)所說的話嗎？……

兩對迴異的人 ❶
Two Unlikely Pairs of Men

「那麼，你應該說出你所想的。」
三月兔繼續說著。
「我是呀！」愛麗絲急忙回答，
「至少——至少我所想的就是我所說的
——那是同一件事，你知道的嘛！」

「這不太算是同一件事！」
帽商說：「唔！你這就像在說『我看到我所吃的』
跟『我吃我所看到的』是同一件事。」
（《愛麗絲漫遊奇境》）

1 序言
Introduction

　　奧地利哲學家路德維希・維根斯坦(Ludwig Wittgens-tein)曾說過：「我們可以完全只用笑話就寫出一本好的嚴肅哲學著作。」（維根斯坦）如果我們理解其中相關的哲學論點，就會了解其笑點所在。我一直認為這種說法很有道理，而這本書在某種程度上就是寫來作為例證。這本書裡包括一些笑話、故事、寓言、謎題以及趣聞，這一切都會以各種方式來與各式不同的哲學問題產生關聯。這些故事與趣聞將會以一些（最精簡的）解說來串連，並粗略地依照主題來加以整合。我希望它們能把現代哲學的某些韻味與主旨傳達出來，並消除掉某些人心中的這種觀感，即：認為哲學是某種生活的指引、神學或數學的分支，或僅是在逆境中堅忍禁慾之事。

　　有個對此項嘗試的直接批評是：為了能理解那些哲學論點，與其相關聯的笑話、事例及隱喻都必須放在相關的脈絡中，並且多少得由牢靠推理的論證所組成。當然，通常是該如此，不過大多數的情形是，故事自身至少就已暗含著部分的脈絡與論證。來看看這個故事：猴子們任意使用打字機打字，結果打出一本《李爾王》(*King Lear*)。這個被孤立出來的故事縱使沒有脈絡或論證，也是發人省思的，姑且不論其所導致的想法往往是「錯誤的」。相同的說法也適用於其他經典的故事──例如：樹木在杳無人跡

的森林中落下的聲音；拉普拉斯(Laplace)以決定論的觀點
將宇宙描繪成一個無法調整的巨大時鐘；或者柏拉圖(Pla-
to)那關於洞穴及其對現實之模糊映象的隱喻。通常我們在
一場哲學討論之後，所記得的也盡是這些故事、生動的隱
喻、事例與反例。對哲學笑話而言也是如此。

　　最後，即使這些故事與笑話沒有太多支撐的脈絡或論
證，任何較爲完整的討論與理論都必須對其加以考慮及解
說。它們提供了部分的原始素材，而這是所有合理的哲學
理論都必須加以思考的，所以對所有好奇之人而言，也是
其理智工具之一。

2 │維根斯坦與卡羅
Wittgenstein and Carroll

　　讓我們看一看兩對迥異的人：第一對是維根斯坦及路易士・卡羅(Lewis Carroll)；第二對是伯特蘭・羅素與葛佬秋・馬剋士①。我在前一本書《數學與幽默》(*Mathematics and Humor*)中，也曾拿第一對來做比較，而這一小節就是取自該處。除此之外，我還在這本書中對此對比及《數學與幽默》中的其他論點略加做了些補充。

　　喬治・皮雀(George Pitcher)在〈維根斯坦、無意義與路易士・卡羅〉(Wittgenstein, Nonsense, and Lewis Carroll)一文中曾寫到，維根斯坦的哲學著作和卡羅(Charles Lutwidge Dodson)②的作品之間有一些非常顯著的相似性。這兩人都關心無意義、邏輯混淆及語言之謎——雖然就像皮雀所說的，維根斯坦為此所苦，而卡羅則反而以此為樂，至少看起來是如此（從上述的觀點來看，這兩人的關係類似於索倫・祁克果[Soren Kierkegaard]與伍迪・艾倫[Woody Allen]之間的關係：同樣的關懷，但不同的處理態度）。皮雀引用《愛麗絲漫遊奇境》(*Alice's Adventures in Wonderland*)及《鏡中漫遊》(*Through the Looking Glass*)中許多段落，以說明維根斯坦先前在評論哲學笑話時，心中所想的笑話類型大概是什麼樣子。

　　下面摘錄的文句表達出卡羅所關心的諸多主題，而那也是維根斯坦在其著作中所要思索的：

1. 她〔愛麗絲〕咬了一小口，並焦急地喃喃自語：「變高？還是縮小？」她把手放在頭頂上，來感覺往哪個方向發展，但卻非常訝異發現自己仍維持同樣的大小。（《愛麗絲漫遊奇境》）

2. 毛毛蟲說：「妳背得不對。」愛麗絲膽怯地說：「恐怕不是**全都**對，有些字背錯了。」
「妳從頭到尾都背錯了。」毛毛蟲如此斷定著，之後沉默了數分鐘。（《愛麗絲漫遊奇境》）

3.「那麼，你應該說出你所想的。」三月兔繼續說著。
「我是呀！」愛麗絲急忙回答，「至少——至少我所想的就是我所說的——那是同一件事，你知道的嘛！」
「這不太算是同一件事！」帽商說：「唔！你這就像在說『我看到我所吃的』跟『我吃我所看到的』是同一件事。」（《愛麗絲漫遊奇境》）

4.「你是否能——好心點(be good enough)，」愛麗絲向前跑了幾步，上氣不接下氣地說：「停一下(stop a minute)好讓人喘口氣？」
國王說：「我很**好**(good enough)啊！只是不夠強壯而已。妳曉得，一分鐘(a minute)瞬間即逝。妳也許該去停止的是一隻『綁得死哪去』(Bander-

snatch)③！」（《鏡中漫遊》）

5.皇后說：「這果醬很棒。」
「喲！至少我今**天**一點也不想吃。」
「就算你**真的**想要，你也不能吃，」皇后說，
「因為規則是明天吃果醬、昨天吃果醬──但是
今天絕無果醬可吃。」
愛麗絲反駁：「**總該**有時候是『今天吃果醬』
吧！」
「不，不可能！」皇后說，「**其他**天都可吃果
醬；但是今天不是**其他**天，妳知道的。」
「我不懂妳的意思，」愛麗絲說，「這讓人一頭
霧水。」（《鏡中漫遊》）

　　這些例子有什麼共通處呢？它們都透露出某些特定觀
念在邏輯上的混淆。我們不會把手放在頭頂上，以察看自
己是變高還是變矮（除非只有我們的脖子在變）。我們不
能「從頭到尾」背錯一首詩，因為那樣一來我們就根本不
能說是在背誦那首詩（維根斯坦非常關心那些確立同一性
與相似性的判準）。在第三段引文中，瘋子帽商預設「意
義與言說是完全獨立的」──維根斯坦指出這種假設會導
致更多的誤解。下一段文句則是把「分鐘」(minute)跟「列
車」(train)這兩詞的文法使用混淆在一起；而最後一段則是
闡明，「今天」(to-day)這個詞跟日期(date) 除了某些相似
外，其用法完全不同。維根斯坦也曾探討過後面這幾點。

　　維根斯坦解釋：「當我們日常語言中所用的語詞乍見之下有著類似的文法規則時，我們會傾向類比地去詮釋它們；亦即我們會試圖從頭到尾貫徹此類比。」我們因此「誤解了……我們使用措詞的文法規則，就像隻在捕蠅瓶中的蒼蠅，有時需要人指點迷津」（維根斯坦）。就如我曾說過的，這些語言上的誤解能夠取悅人，亦能夠折磨人，端賴我們的個性、心情與意向而定。例如，維根斯坦會對此事煩惱不已：當一個人腳痛且又穿著鞋子時，他不會說他的鞋子裡有疼痛。然而，卡羅若想到此事時，也許會寫說：這鞋子充滿疼痛以至於需要住院治療。

3 葛佬秋與羅素相遇
Groucho Meets Russell

　　正如維根斯坦與路易士・卡羅都同樣關切語言及無意義的問題，伯特蘭・羅素與葛佬秋・馬剋士兩人則都關心自我指涉(self-reference)的觀念。此外，羅素那種理論式的懷疑論立場及貴族式的無政府主義傾向，也跟葛佬秋那種下層苦勞大眾的形象及其更為發自內腑的無政府主義情感形成強烈對比。我試著用下述這兩人的對話來闡明這些論點。這段對話中所提到的某些議題在後面幾章中會有更多的討論。

◎

　　葛佬秋・馬剋士和伯特蘭・羅素，一個是偉大的喜劇演員，一個是有名的數學家／哲學家：當這兩個都著迷於自我指涉之謎的人相遇時，會對彼此說些什麼呢？為了凸顯其荒謬之處，我將故事場景設定在瘋哈頓(Madhattan)④中心的一棟建築物，兩人被困在十三樓的電梯裡。

　　葛佬秋：接下來的發展真令人期待。羅素爵士，用用您的蠢論(sillygisms)⑤來幫我們脫離這個窘境吧！（**低聲自語**：在這麼高的地方跟貴族說話令人不寒而慄。看來他就要給我來一段高等教育了。）

羅素：顯然是電力出了問題。這以前就發生過幾次了，後來每次都會恢復正常。如果科學歸納法(induction)可預測未來的話，我們應不會在此待太久。

葛佬秋：歸納法，什麼歸納法，別說夢話了。

羅素：您說的不錯，馬剋士先生。就像大衛・休謨(David Hume)在兩百年前所說的，唯一用來保證歸納推論原則的根據就是歸納原則自身，這根本是一種循環論證(circular affair)，極不可信(reassuring)。

葛佬秋：躲躲藏藏的戀情(circular affair)從來就不被鼓勵(reassuring)⑥。我曾跟您說過我哥哥、嫂子及喬治・菲尼曼(George Fenniman)的事嗎？

羅素：我想沒有，不過我懷疑您所說的循環(circle)可能跟我說的不一樣。

葛佬秋：沒錯，大人。我要說的是男女三角關係(triangle)；不是那種可愛的三角關係(a cute triangle)，而是那種愚蠢的(obtuse)、淫穢的三角關係⑦。

羅素：喔！馬剋士先生，我也曉得一點這種事。您還記得嗎？大約在一九四〇年，我獲聘到紐約市立學院講課，那時曾引起很大的騷動。因為有人反對我關於性別與自由性愛的觀點。

葛佬秋：他們是因為您那種觀點才給你教職的嗎？

羅素：學校當局屈服於強大的壓力，抽回提案，所以我並沒有進入這所學校。

葛佬秋：好啦！別煩惱這件事了！我絕不想加入任何一個想把我納為成員的組織。

羅素：那是個弔詭(a paradox)。

葛佬秋：沒錯，就是金伯哥(Goldberg)與汝冰(Rubin)，住在布隆克斯區(Bronx)的一對醫師(a pair o' docs)。

羅素：我是在說我的集合論弔詭(sets paradox)。

葛佬秋：喔！你的性配對醫師(sex pair o' docs)⑧。那無疑就是馬斯特斯(Masters)和強森(Johnson)了。像你這樣的大哲學家還有這些問題，真詭異！

羅素：我說的是，那種包含著所有集合的 M 集合，其不能將自身視為此集合的一部分。如果 M 是它自己的一部分，則它就不會是自己的一部分。如果 M 不是它自己的一部分，則它就會是自己的一部分。

葛佬秋：我完全都聽不懂。還是別談這種低俗的話題吧！（停止動作並留神凝聽）嘿！有人正在敲樑柱。像是用某種密碼在傳達訊息，伯帝⑨。

羅素：（咯咯笑）馬剋士先生，我們也許應當稱呼這個樑柱密碼為哥德爾密碼(Gödel code)，以紀念著名的奧地利邏輯學家庫爾特·哥德爾(Kurt Gödel)。

葛佬秋：隨便你怎麼說。咱們來比賽，第一個猜解出密碼的人就贏一百元。

羅素：我試著翻譯看看。（他專心地聆聽那敲擊聲。）它說：「這個訊息是……這個訊息是……」

葛佬秋：快點解開這些哥德爾密碼，小伯帝，不—不—不要結—結—結結巴巴的。整個電梯通道開始在震動。讓我離開這個荒謬的空間吧！

羅素：是那敲打聲讓樑柱產生共鳴的關係。「這個訊息是……」

一陣歡呼聲。
電梯斷斷續續地上下搖動。

羅素：「……是錯誤的。這個訊息是錯誤的。」這個陳述句跟這台電梯一樣都是靠不住的。如果這個訊息是真的，那麼它所說的因此就是假的。另一方面，如果它是假的，那麼它所說的就必須是真的。恐怕這個訊息已經違反了邏輯規則。

葛佬秋：別怕啦！我這輩子還不都一直如此。它帶來某些起起落落，但是就如我弟弟哈潑(Harpo)一向掛在嘴邊的：為何要躲避呢？

譯註：

①葛佬秋・馬剋士(Groucho (Julius) Marx, 1890-1977) 乃著名的美國
　百老匯及電影喜劇演員，其招牌特徵是不停地眨眼、小鬍子及他
　那根長雪茄。

②查理斯・路德維奇・道奇森(Charles Lutwidge Dodson)，英國著名
　數學家與作家，以路易士・卡羅(Lewis Carroll)為筆名出版《愛麗
　絲漫遊奇境》及《鏡中漫遊》兩本小說。

③此乃卡羅在故事中所發明的一種動物。

④Madhattan 為作者虛構的地名，與美國紐約市的曼哈頓(Manhattan)
　諧音，諷刺那是個瘋狂的(mad)都市。

⑤Sillygisms 為作者虛構的語詞，與三段論證(syllogisms)諧音，葛
　佬秋以此諷刺羅素的推論是愚蠢的(silly)。

⑥葛佬秋在此玩弄一詞多義的語詞遊戲，使對話主題偏離。

⑦葛佬秋這裡刻意使用雙關語，以數學用語「銳角三角形」(acute
　triangle)與「鈍角三角形」(obtuse triangle)的對比來表達他所意指
　的三角關係。

⑧葛佬秋在此凸顯出音素(phoneme)與語意的問題，亦即同一串的語
　音會因不同的分段方式而成為不同的語詞組合，導致不同語意。

⑨伯蒂(Bertie)是伯特蘭(Bertrand)的暱稱。

2

邏輯
Logic

哲學家普羅塔歌拉斯，
指導尤阿斯樂司修辭的技巧，讓他能當律師，
尤阿斯樂司答應唯有在贏得第一場官司後，
才會支付學費。
可是，尤阿斯樂司在完成訓練後，
卻不打算當律師了，
普羅塔歌拉斯便起訴要求他支付學費。
普羅塔歌拉斯堅持，無論如何，
尤阿斯樂司應支付學費，他爭辯道：

若他贏了這場官司，根據法院判決，
學生應該付學費給他；
而如果他輸了，根據他和尤阿斯樂司的協定，
學生仍應付學費給他。

尤阿斯樂司已從普羅塔歌拉斯身上學到幾手，
他堅持無論如何都不必付錢，
他爭辯道：

若他贏了這場官司，
根據法院判決，他不用付學費，
若他輸了，
根據他和普羅塔歌拉斯的協定，
他也不須付學費。

1 要不⋯⋯就是
Either-Or

　　沒有比不矛盾律(the law of noncontradiction)和排中律(the law of the excluded middle)更基本的邏輯原則，因此，研究邏輯沒有比他們更適合的起點。不矛盾律指的是：「不會有既是A且又是非A的情形」──或如亞里斯多德所表述的：「同一面向的相同屬性不會同時屬於又不屬於一個相同主體。」排中律所指的是：「要不A，要不就是非A。」──解釋此律則之一例是：「要不維根斯坦是一個紅髮的人，要不就是他不是。」（以記號表示，則以「~」表示「非」，「∧」表示「且」，「∨」表示「或」，而圓括弧「（）」則標示出其中的述句為一個整體，排中律可表示為 A∨~A，不矛盾律為 ~(A∧~A)）。

　　然而，即使是像這類基本原則，若不謹慎使用，仍會產生問題。以排中律為例，下列三種案例的使用：其一，無可挑剔且隱約帶著幽默性；其二，使人困惑卻又明顯誤導人；其三，直接明瞭的，除了對少數人外。

　　第一個是由羅斯登(Leo Rosten, 1968)告訴我們的，有關一位著名拉比（Rabbi，即指猶太祭司）邏輯學家的故事，祭司的睿智足以分析任何情況，無論多麼複雜。他的學生懷疑他的推理能力能否耐得住酒醉的影響，於是這些恭敬但好奇的學生在宴席中灌醉了他，趁他睡著後，把他帶至墓場的墓碑旁，學生則躲起來看他怎麼分析這種處

境。

讓他們印象最深刻的是，他醒來後以猶太法般的方式應用排中律：「要不我活著，要不我已死。如果我還活著，我在這兒做什麼？如果我死了，爲何我還會想去沖澡？」

第二個例子牽涉的是未來事件。假設下星期二我會發生某件事，譬如從馬上摔下來。若這是千眞萬確的話，無論我如何抗拒，無論我做了多少預防措施，星期二到來，我必然從馬上摔下來。但反過來說，若下星期二我會從馬上摔下來這件事是假的，那麼，無論我多努力要這麼做，無論我多魯莽地騎馬，我一定不會在星期二那天從馬上摔下來。而預測「非眞即假」是必然的眞理——排中律是也。這似乎可推論出，星期二會發生的事是固定不變的，且事實上不僅只是星期二的一個事件，乃至於整個未來都是在某種方式下被決定——邏輯上的預先注定。

上述問題並不在於排中律，而在於「某某特定事件將會發生是眞的」此種形式的述句是有意義還是無意義的問題。

有趣的是，少部分的數學家否認排中律是一種邏輯律則。他們反對如下的述句：「要不在 π 的小數展開式中有一串連續的八個五，要不沒有。」因爲對於這一串五的存在與不存在皆缺少建構性的證明，直覺論者(intuitionists)和建構論者(constructivists)並不把這個例子和排中律的一般使用視爲有效。對他們而言，「眞」(truth)就是指「建構的可證明性」(constructive provability)。

　　基於不同的理由，有些量子物理學家在某些脈絡下也拒絕排中律的可應用性(applicability)，事實上，自一九二〇年代一位具影響力的波蘭邏輯學家路可斯威茲(J. Lukasiewicz)開啓了三值邏輯(three-valued logic)——眞，假，未決(undetermined)〔不定(indeterminate)，中間的(intermediate)〕——的正式研究之後，大家對它的研究興趣就一直持續著，儘管有其侷限性。而在還不明朗的時代，接受排中律的古典邏輯學家有時還嘲諷那些不接受排中律的人：「你聽過那個波蘭邏輯學家嗎？他認爲有三個眞值哩。」

　　這些故事的寓意只是在於：即便是如此基本的邏輯律則也可能被誤用，也可能有爭議。邏輯是我們所擁有的最重要的理論工具，但就如同其他工具一樣，我們必須知道如何及何時使用它。我們希望避免諺語裡的印第安部落的悲慘命運：他們熟諳箭(arrows, vectors)的理論特性，只要一發現在西北方有一隻熊，就同時向北方和西方射箭，或是當他們發現熊在北北東方向，就朝北方射兩支箭而東方一支。

「如果我有一匹馬，我就會馬上打你！」①
　　　　　　　　——葛佬秋·馬剋士

　　條件句也可能很棘手，即便是像下例這麼直接的：
　　＊：「如果喬治是餓的，那麼瑪莎是餓的。」

　　很明顯的，如果＊為眞而喬治是餓的，那麼瑪莎也是餓的。同樣的，若喬治是餓的而瑪莎不是，那麼＊便為假。但如果瑪莎是餓的而我們並不知道喬治餓不餓呢？幾乎在所有的數學（和許多邏輯的）脈絡中，都約定＊為眞。那如果喬治並不餓而不知道瑪莎餓不餓呢？以數學和邏輯而言，仍會視＊為眞，這是最有用的共識。

　　總括而言，在數學、邏輯，及許多日常脈絡中，任何以「若P則Q」或「P蘊涵Q」的形式，或以符號表示為「P→Q」的語句，⑴只要Q為眞，不論P為眞為假，此語句為眞。⑵只要P為假，不論Q為眞為假，此語句為眞。⑶只當P為眞而Q為假時，此語句為假②。

　　下列相關的二則故事可作為說明：

　　羅素在討論上述形式的條件句時，主張假述句蘊涵(imply)任何事和每件事。一位懷疑論的哲學家質疑他：「你的意思是說如果 2 ＋ 2 ＝ 5，那麼你就是教宗？」羅素肯定地答覆，並且提出以下有趣的「證明」：「若我們假設 2 ＋ 2 ＝ 5，那麼你必然會同意從等號兩邊各減去 2 則得到 2 ＝ 3，左右調換後我們得到 3 ＝ 2，而從等號兩邊再各扣除1，則得到 2 ＝ 1。如此，因為教宗和我是 2 個人，而 2 ＝ 1，那麼教宗和我即為1，所以我就是教宗。」

回

邏輯學家：所以同學們，你們看，任何事皆由假述句導出。

學生：我想我搞迷糊了。

邏輯學家：這真的相當簡單，你確定你不了解？

學生：我所能確定的是，如果我了解那玩意，我就是猴子的叔叔。

邏輯學家：這你就對了（竊笑）③。

學生：你為什麼笑？

邏輯學家：你不會了解的。

學生：不管怎樣，教授，如果你有興趣的話，今晚我們將舉辦一場派對。

邏輯學家：若我沒興趣呢？

學生：什麼？

邏輯學家：我很忙，謝了。

回

　　要找到使得前述「如果─則」語句的分析不成立的非數學脈絡並不困難，下列語句即為假，儘管它們的前件(if-clauses)為假：

(1)如果把釘子置入一杯水中，它就會溶化。

(2)如果哈潑·馬剋士(Harpo Marx)④在任一部馬剋士兄弟的電影中曾說過話，就可避免二次世界

大戰。

這種所謂的虛擬句(subjunctive)及與非現實(counterfac-
tual)的條件句的眞值(truth)，並不如同數學條件句「若P則
Q」那樣倚賴P和Q的眞假值，而是倚賴在P和Q之間是否存
在著近似定律(lawlike)的關係。

當然，在邏輯和數學之外仍有許多數學條件句的使
用，如果某人說：「若現在在下雨，我將會給你一拳，而
如果現在沒有下雨，我將會給你一拳。」你可以確定的
是，這個人使用的是數學條件句，而且他想要揍你一拳。

2 放手一搏
You Bet Your Life

　　想像一個非常富有的神奇科學家，宣稱他有能力精確地預測出人們在二擇一的情況中會做出的選擇。再更進一步想像，這個科學家——姑且稱作某博士——在中東某地的大型世界博覽會中搭起棚子展示他的能力。某博士說明他將利用兩個盒子來測試人：A盒是透明的，內有一千元，而B盒是不透明的，其中要嘛是空的，要嘛有一百萬元，某博士告訴每個人他／她可選擇只拿B盒之物或者兩盒都拿。不過——重要的是——在做選擇之前，如果某博士相信對方會兩盒都拿，那麼他不會放任何東西在B盒中，另一方面，如果在做選擇前，某博士相信對方將只拿B盒之物，他就會放一百萬元在B盒中。事後證人可證明B盒中事前到底有無置放一百萬元。

　　喬治和瑪莎也在這世界博覽會中，親眼看到當某個人兩盒都拿時， B盒百分之九十五是空的，而那個人就只能得到A盒中的一千元，他們也注意到，當選擇只拿B盒之物時，B盒百分之九十五有一百萬元，使受測者立刻成為百萬富翁。

　　該瑪莎受測了，某博士仔細端詳她，準備好盒子，放在她面前，然後繼續走向喬治。瑪莎對這些表演感到驚訝之餘，選擇只拿B盒，希望某博士能準確地預測她的心思狀態。

　　下一個是喬治，某博士仔細端詳他，準備好盒子，放
在他面前，然後繼續走向下一個人。喬治推敲了一下：反
正某博士已不在場，而B盒中有無一百萬元也已確定，他
可以選擇兩盒皆拿，至少保證他能得到一千元，而且還可
能是一百萬零一千元。

　　最後換你了，某博士已經觀察過你，你會做什麼樣的
選擇？（將你的權利以五十萬元賣給他人是作弊的行
為。）這個是由物理學家鈕坎貝(William Newcombe)所提
出因諾吉克(Robert Nozick)⑤而聞名的悖論(paradox)，對這
悖論的反應，與一個人對自由意志、決定論，和金錢的態
度有著密切的關聯。

　　另一個關於選擇和神明的更知名的故事，乃由帕斯卡
(Blaise Pascal)所提出，在他成為基督徒時，採取了打賭形
式的論證。根據帕斯卡(Pascal, 1966)所言，如果一個人選
擇相信基督教教條了，那麼，若此教條為假，這人並不損
失什麼；然而，若其為真，此人將在天堂獲享永生。另一
方面，如果一個人選擇不相信基督教教條，那麼，若教條
為假，此人仍不損失什麼，而若教條為真，其將在地獄中
受到嚴峻的懲罰。唯有當信仰基督教，如帕斯卡就是，此
論證始具有信服的力量。當然，此論證與基督教教義無
關，可以被其他宗教（或儀式）用來把既存的信念加以合
理化。

回

　　所有人都會同意當「A為假」、「B為假」、「C為假」和「A、B或C的其中之一為真」這些述句陳列在一起時將形成一個不一致的集合，然而，考慮某場抽獎，有一百萬個參加者，你也是其中之一，你不相信一號券會贏，二號券也不會，三號券也不會……一百萬號券也不會，但你仍相信某張號碼券會贏。

　　從對報紙內容的態度中亦可發現類似的情節：除非你擁有第一手資料，否則你會傾向相信每一則在報紙中所讀到的新聞，但你仍然相信某些（很多）新聞是假的。就是了解這種不一致，才提醒名人控告譁眾取寵的小報。

回

　　現在就去買你的百萬彩券，每張十分錢，三張二毛五，五張一元，買好就請拭目以待，準備迎接一百萬元──一年一元，就是一百萬年囉！

3 │蠢三段論
Sillygisms ⑥

人們低估了遊戲(play)對任何嚴謹的腦力激盪影響的程度，因著遊戲本身虛構性的樂趣而做的事，會使人擺脫了僅以目標為導向的沉重桎梏，可能還不時地引發新見地。（即使沒有那又如何？）益智遊戲的傳統非常古老，即便是柏拉圖也不免於為其主要人物建構愚蠢的論證，一個眾所皆知的例子是在對話錄《優西德摩斯篇》(*Euthydemus*)中戴奧尼索德魯斯(Dionysodorus)和斯帖西帕司(Ctessipus)的對話：

> **戴奧尼索德魯斯**：你說你有一隻狗？
>
> **斯帖西帕司**：對，一隻兇惡的狗。
>
> **戴奧尼索德魯斯**：那他有小孩？
>
> **斯帖西帕司**：對，而且他們非常像他。
>
> **戴奧尼索德魯斯**：那這隻狗就是他們的父親？
>
> **斯帖西帕司**：對，我的確看到他和小狗的母親走在一塊。
>
> **戴奧尼索德魯斯**：而他不是你的？
>
> **斯帖西帕司**：我確定他是（我的）。
>
> **戴奧尼索德魯斯**：那麼，他是一位父親，而他是你的，所以囉，他是你的父親，而那些小狗是你的兄弟。

這論證看似可笑，但另一個具有相同文法形式的論證則顯得無可異議：

費多是一隻狗，費多是你的，所以費多是你的狗。

某位邏輯學家蘇牧羊(Raymond Smullyan) 提供另一個不同脈絡的論證：

某些車子會嘎嘎作響。
我的車就是某車。
所以難怪我的車嘎嘎響。

回到之前狗的論證，為何下列論證中一個為有效而另一個無效？

一隻狗需要水才能活。
所以我的狗阿福需要水才能活。

一隻狗在後院吼叫。
所以我的狗金哥在後院吼叫。

回

也許我們會更驚訝下列二個論證竟是有效的：

每個人都愛某個愛人(lover)。

喬治並不愛他自己。

所以喬治不愛瑪莎。

要不每個人是一個愛人者(lover)，要不某些人不
是愛人者。

如果每個人是愛人者，瓦多(Waldo)就一定是一個
愛人者。

如果不是每個人是愛人者，那麼至少有一個非愛
人者。

〔姑且叫此人為馬托(Myrtle)〕

所以如果馬托是愛人者，所有人皆是。

第一個論證的有效性乃基於兩個事實：(1)只要一個人
愛著某個人，包括他自己，他就是愛人者；(2)「若P則Q」
為真，只有當「若非Q則非P」為真時⑦。第二個論證的有
效性依賴於那些使得「若P則Q」為真的條件。

回

36 英寸＝1 碼

那麼，9 英寸＝1/4 碼

那麼，$\sqrt{9}$英寸＝$\sqrt{1/4}$碼

所以，3 英寸＝1/2 碼

回

溫度是93。

今天下午溫度將升高。

所以93將在下午升高⑧。

◎

　　大部分帶有如「所有」、「一些」、「非」等邏輯常
詞(logical constant)的述句，在直覺上很清楚。「每個人都
是禿頭」的否定（以符號表示為 $\forall xB(x)$——所有的 x，x
是禿頭）並不是「沒有人是禿頭」，而是「某人不是禿
頭」（以符號表示為 $\exists x\sim B(x)$——存在一個 x，x 不是禿
頭），或更冗長的說法是：「『每個人都是禿頭』並非是
事實。」

　　然而，有時這些常詞(constant)的意義仍不清楚。「你
可以總是愚弄某些人」這句一旦經過考量，就顯得含糊不
清：它可以有兩種相反的解釋。它可以指存在某些輕信人
的鄉巴佬，如喬治和瑪莎，每天都被蒙騙；或指在任何一
天中，你總是能愚弄某些人——好比在星期一是喬治，星
期二是瑪莎和瓦多，星期三是瑪莎和馬托，諸如此類。我
們用 $P(x)$ 表示「x是一個人」，$T(y)$ 表示「y是某一特定時
間」，$F(x,y)$ 表示「你可以在 y 時愚弄 x」，那麼，第一種
解釋可以符號表示為 $\exists x\forall y(P(x)\wedge T(y)\to F(x,y))$，而第二種
解釋的符號化仍為 $\exists x\forall y(P(x)\wedge T(y)\to F(x,y))$。

　　同樣是含糊不清，但較為少見的邏輯字元之一是「大
部分；多數」(most)：

　　＊　：「大多數人已讀過大多數熱門書。」

＊所指的是有超過半數的人已讀過半數以上的熱門書，還是指有超過一半的熱門書已被半數以上的人讀過？若我們假設只有三個人在這裡，只有三本書被討論過，便可知這兩種解釋的差別。第一種解釋對應於圖表1，第二種解釋對應於圖表2。

圖表1　　　　　　　**圖表2**

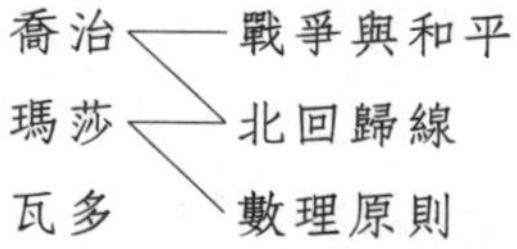

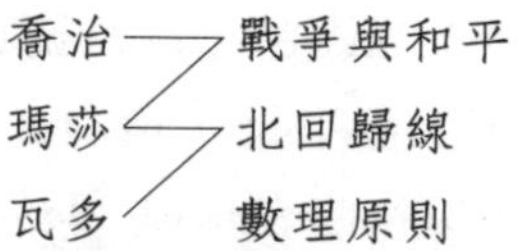

```
喬治 ── 戰爭與和平        喬治 ── 戰爭與和平
瑪莎 ╱  北回歸線          瑪莎 ╲  北回歸線
瓦多 ── 數理原則          瓦多 ╱  數理原則
```

即使是簡單的邏輯字元「is」（是），甚至**特別**是「is」（是）這個字本身，在日常脈絡中也能以不同的方式解釋，想想以下四句：

*(1)*喬治是基瑞可波羅斯先生(George is Mr. Kyriac-opoulos.)。

*(2)*喬治是緊張的(George is anxious.)。

*(3)*人是緊張的(Man is anxious.)。

*(4)*這裡有一個緊張的人(There is an anxious man here.)。

(1)中的「is」指的是同一(identity)上的「is」：g=k。

(2)中的「is」是陳述(predication)上的「is」：A(g)，g 擁有性質 A。

(3)中的「is」是資格(membership)上的「is」：$\forall x[M(x)\rightarrow A(x)]$。

(4)中的「is」是存在上的：$\exists xM(x)$。

◎

　古怪的是，邏輯上的敏銳並非幫助我們釐清述句意義，而是揭露述句內的歧異性；亦非旨在導引我們形成更多結論，而是澄清能被證成的結論比想像中還少。羅素就曾注意到，越是對邏輯演繹有高度敏感，越不常給出牢而不破且快速的推論。

　然而，只有對演繹推論是如此，大部分常識上的推論並不仰賴明確公式化的知識，也不依循任何精確的規則，而是基於一種難以形容、心照不宣、自然而然的過程。所以，數學家們既已習慣「以公式清楚表達的原則」及「固定解釋的規則」，有時反而窘於處理常識，常因直接地照字面解釋字詞而產生趣味性。

◎

國防部長：我不能再忍了，我退出！我決定洗手不幹(I wash my hands of the whole business)。

螢火蟲（葛佬秋）：好主意，順便也洗洗你的脖子(You can wash your neck, too.)。

◎

喬治：在哪兩種運動中會發生面對面(face-offs)的
肢體衝突？
瓦多：冰上曲棍球和……我不知道，另一個是什
麼？
喬治：痲瘋病人的拳擊(Leper boxing)。⑨

⑩

　　禁止停車的標示通常言外之意是指「『違者』拖吊」
(Violators will be towed)，但我從未看到拖吊車在街上拖著
任何「人」。在美國，垃圾桶上常會標示「Keep litter in its
place」（把垃圾投入恰當場所）的警語，以字面意義去解
釋，也是非常有趣的：如果某個東西是 litter（垃圾；乾
草），按照定義，它的「place」（恰當場所）似乎就是——
——地上。⑩

⑩

　　末了，讓我們考慮這最後一個三段論證，同時也作為
下一個章節的引子：

　　這論證是H。
　　沒有一個H的論證是S。
　　每個有效的東西是S。
　　所以，這論證是無效的。

然而，「這個」⑪論證是有效的。

4 這節的標提有三個錯悟⑫
The Titl of This Section Contains Three Erors

關於自我指涉述句的研究，可追溯至西元前四、五世紀的斯多噶(Stoic)邏輯學家。最古老也最有名的悖論是克里特島人(Cretan)艾匹曼尼迪司(Epimenides)所說的：「所有的克里特島人都是說謊者。」若我們將這句簡化為「我正在說謊」或更恰當的「這句子為假」，此說謊者悖論(liar paradox)的關鍵就更加明顯。〔霍福斯塔德(Douglas Hofstadter)在說謊詭論的新近版本中寫到：現代克里特島人尼克森迪司(Nixonides the Cretin)⑬在一九七四年說道：「這個句子是不算數的。」(This sentence is inoperative.) [霍福斯塔德]〕。

讓我們以Q標示「這句子為假」，我們會注意到，如果Q為真，那麼按照它所敘述的，它(Q)一定為假。另一方面，如果Q為假，那麼它所說的就為真，而Q就一定為真。如此，Q為真若且唯若(if and only if)它為假。

述句Q及與其同義的變體(variant)，皆與邏輯和哲學中某些最深奧的重要觀念有密切的關係，甚至可能與意識本身也有關聯。儘管如此，多數人仍把它當成是荒謬的消遣，只適合娛樂邏輯學家和其他無所事事的人，而不予重視。我必須承認，在每個星期二我也持相同的看法，而既然今天是星期二，我就要說明如何用一個與Q有關的句子來證明上帝的存在。考慮下列框框中的兩個句子：

> *1.* 神存在。
>
> *2.* 這兩個句子皆為假。

　　第二個句子要嘛為眞要嘛為假，如果它為眞，這兩個句子就皆為假。注意，第二個句子為假，但第二句為假的唯一方法是第一句為眞，而如此，神就存在。另一方面，若我們直接假設第二句為假，我們仍須明白的是，使其為假的唯一方式是第一句為眞，所以在這種情況下的結果仍是：神存在。因此，神是存在的。

　　當然，以同樣的方式也可證明神有肉刺，或祂不存在，或維根斯坦和衛斯特(Mae West)在談戀愛。

　　相同的把戲也可以用在這句：

　　＊：「如果這句子為眞，神就存在。」

　　如果＊為眞，它當然眞，若＊為假，則前件即為假，卻也保證＊本身為眞（別忘了「如果─則」形式的條件句為眞，若其前件為假）。如此，在這兩種情況下＊皆為眞，所以，＊為眞，因此，＊的前件即為眞，綜合這兩個事實便可保證後件（＊的子句）為眞，因此神存在。

　　即便是非悖論(nonparadoxical)的述句，若情況允許的話，也會在與其他句子結合後產生悖論。如果蘇格拉底曾說「柏拉圖剛剛所說的是假」，我們不會對這樣的宣稱產生疑惑，但若柏拉圖在其之前曾說「等一下蘇格拉底所說的是眞」，便產生一個悖論。

ᓂ

　　有個古代的故事，關於一位辯士派哲學家普羅塔歌拉
斯(Protagoras)指導尤阿斯樂司(Euathlus)修辭的技巧，讓他
能當律師，尤阿斯樂司答應唯有在贏得第一場官司後，才
會支付學費。可是，尤阿斯樂司在完成訓練後，卻不打算
當律師了，普羅塔歌拉斯便起訴要求他支付學費。普羅塔
歌拉斯堅持，無論如何，尤阿斯樂司應支付學費，他爭辯
道：

> 若他贏了這場官司，根據法院判決，學生應該付
> 學費給他；而如果他輸了，根據他和尤阿斯樂司
> 的協定，學生仍應付學費給他。

　　尤阿斯樂司已從普羅塔歌拉斯身上學到幾手，他堅持
無論如何都**不必**付錢，他爭辯道：

> 若他贏了這場官司，根據法院判決，他不用付學
> 費，若他輸了，根據他和普羅塔歌拉斯的協定，
> 他也不須付學費。

ᓂ

早餐一景

> 一個高大強壯的女人，頭髮以髮捲盤起，穿著有
> 破損的浴袍，對她瘦小、禿頭、僅著內衣褲的丈
> 夫說道：「我要你駕馭我，使我感覺自己像個真
> 正的女人。」

　　最後一個故事也許可讓我們注意到，在這些悖論和某
些雙重約束(double-bind)的情況之間也有密切的關聯。

　　「自動自發」這類的指令就是另一個簡單的例子，就
如「不論你做什麼，別讓塗滿黃色芥子醬的香甜紅西瓜的
影像進入你心中」這樣的命令。不幸的是（或者其實是幸
運的），多數這類要求矛盾行為的情況是更加複雜而難以
辨知——事實上，是如此地難以察覺，以至於大部分人，
尤其是那些認為這種自我指涉的悖論是輕薄言論的人，並
未了解這些情況充斥著我們的生活。情境、事件、對話是
如此錯綜複雜地糾結在一起，以致對這些「說」自己不真
的溝通而言，就不是那麼不尋常了。

　　想想說笑話的行為。福瑞(W. F. Fry)和貝特森(Gregory
Bateson)已說明了當某個人說笑話時，通常便含帶了行為
暗示——抑揚頓挫或彎月形的眉宇、眨眼、方言的使用、
嘲諷的嚴肅聲調，甚至直言無隱地說：「你曾聽說那個人

的八卦嗎？」這些暗示，或後設暗示，限定了言詞的內容，產生某種非文字性的說謊者悖論的功能。實際上，它們說的是：「這整件事都是假的、不眞實的、不是認眞的；它只是個玩笑罷了。」事實上，所有戲劇表演──甚至所有藝術──都有兩種層面：內容，與架構或背景；後者使它不同於非藝術，而且說自己是：「這並不屬於日常生活溝通的一種，這是不眞實的。」

一個面帶微笑的男人走到銀行出納員前，用右手把左手的戒指迅速地拔起來說：「這是搶戒（劫）。」⑭

5 羅素之「金柏哥博士」和「汝冰博士」
Russell's Dr. Goldberg and Dr. Rubin

假設有一個國家的法律允許不在籍的市長——即有些市長可以住在所管轄的城市內，而有些人不必。現有一改革掛帥的獨裁者掌握政權，命令所有不在籍的市長，且只有這些不在籍的市長，都住進C城市。那麼，C城市需要一個市長，C城市的市長該住在哪兒呢？

這個故事是羅素悖論(Russell's paradox)的通俗化，其由來也是類似的。首先我們注意到某些集合本身就是集合中的一份子，所有在這一頁提及的事物所成的集合，也在這一頁被提及，故此集合包含了集合本身自己。同樣地，將那些擁有多於七個項目的集合匯聚後所成的集合，其本身也擁有七個以上的項目，故也屬於自己這個集合的一份子。大部分自然形成的集合本身並不是自己的一份子，我的頭髮的集合本身並不是我頭上的一根頭髮，也就不屬於這個集合。同樣的，奇數的集合本身亦非奇數，故其本身不是這個集合的一份子。

將所有集合的集合分成兩個不重疊的集合，以M表示由那些包含本身的集合所成的集合，以N表示由不包含自己的集合所成的集合。換句話說，對於任何一個集合X，若它是M的成員，它就是它的一份子；若它是它的一份子，它就是M的成員。另一方面，對於任何一個集合X，若它是N的成員，它就不是自己的一份子；若它不是它自

己的一份子，它就是N的成員。

現在我們可以進一步質疑，N是不是它自己這個集合的一份子（將這個問題和「C城市的市長該住在哪兒？」比較一下）。如果N本身屬於N這個集合，亦即N是自己的一個成員，那麼，根據N的定義，N就不會是自己的一份子。但若N本身不屬於N這個集合，那麼，根據N的定義，N就會是自己的一份子。所以，N是自己的一份子若且唯若它不是自己的一份子。這就是羅素所提出的悖論。

◎

貝伽利(Robert Benchley)曾評論道：「我們可以說世界上有兩種人，一種是時常將世界上的人區分為兩類的人，一種則否。」他應該弔詭地加上一句：他自己屬於後者。

◎

回想一下葛佬秋的妙語：我絕不會加入願意讓我成為一員的社團。

◎

以下是一個真實的故事：一個有名的哲學家正在發表關於語言學的演講，宣稱雙重否定句(double negative)的建構在某些自然語言中具有肯定(positive)意義，在一些語言中則具有否定(negative)意義。然而，他又發覺，沒有一個語言會認為雙重

肯定句具有否定意義，關於此點，坐在角落的另
一位有名的哲學家摩根貝瑟(Sidney Morgenbes-
ser)以戲謔的語氣回應道：「是啊，是啊。」

◎

Ｖ：「這個句子為真」，Ｖ有一點奇怪，但還不
至於構成悖論，根據摩瑟(David Moser)，它的另
一種寫法是「這句子有一個!!!提前的驚嘆號」
⑮，另一種是「這個繁體字句逐漸变成简体」
⑯。

◎

　　羅素化解悖論的方法是把集合這概念限定為已存在的
集合(already-existing sets)之全體，在他有名的類型理論中
(theory of type)，他根據集合的類型或層級來區分集合，因
此創立集合理論的階層(set-theoretic hierarchy)。最低一
層，類型一，是個體(individual objects)；往上一層，類型
二，是類型一中的成員所成的集合；再往上一層，類型
三，是類型一或類型二中的成員或集合的集合；以此類
推。類型n的元素(elements)就是類型n-1或更低層級的集合
所成的集合。照此方式便可避免羅素的悖論，因為每個集
合只能是更高類型的集合之元素，而不能是它自己的元
素。非形式地應用這概念是相當普通的：卡通、電視、電
影中的角色就總是憂其所憂，煩其所煩，而不會去擔憂現
實中的問題。

我們可以相同的方法來避免說謊者悖論。利用階層概念來解決艾匹曼尼迪司所說的「所有的克里特島人都是說謊者」，這句話比起克里特島人其餘所說的話要被視為較高類型。類型一的語句不指涉其他語句，通常稱為一階語句(first-order statements)；二階語句(second-order statements)指涉一階語句；三階語句(third-order statements)指涉一階與二階語句；以此類推。如此，如果克里特島人艾匹曼尼迪司宣稱其所說的話皆為假，他所宣稱的這句話並不指涉自己；這句話比其餘的宣稱具較高階地位。據此，說謊者悖論的自我否定(self-negation)便可避免。

下列三句依次是一階、二階、三階語句：

*(1)*維根斯坦是禿頭。
*(2)*語句*(1)*是假的。
*(3)*語句*(2)*是真的。

塔斯基(Alfred Tarski)和其他的邏輯學家已廣泛地發展語句真值的階層概念(hierarchical notion of truth)，然而，這不是唯一的處理方法，克律普其(Saul Kripke)⑫所採取的另一種進路是去除語句的根基(to be ungrounded)，例如語句Q「這句子為假」，不必利用根基或一階語言，來建立Q的真假值。在克律普其的形式系統中，語句並沒有（如塔斯基的說明般）被指派給固定的層次或階序，而顯然是依賴於其他述句和情境事實來得知它們的層次（如前述柏拉圖與蘇格拉底的例子）。語句真假值的決定是漸進而歸納出

的，且並不是每個語句皆有眞值（如Q），儘管如此，自
我指涉的語句在適當的情境下，仍可以獲得眞假值。

◎

「self-addressed stamped envelope」照字面解釋
就是貼好郵票的信封，再寄給信封自己。這是快
遞的理想⑱。

◎

「你總是反應過度，從來不曾恰到好處，你再聳
肩，我就要大叫了。」

◎

症難困讀閱(AIXELSYD)⑲

6 語言與後設語言：你懂嗎？
Language and Metalanguage: Do You Get It?

在羅素的類型理論語言層級的討論中，有一個在邏輯和哲學上非常普遍而又極為重要的區分，即對象語言和後設語言。作為研究對象的形式系統(formal system)內的語句，通常就是對象層級(object-level)的述句。例如：

(*1*) A∧B→~C∨B

（若A且B，則非C或B）

(*2*) ∀x∃y P(x,y)

（對所有的x而言，存在一個y，使得x與y有一 P關係）

(*3*) p| (x²—1) →p| x

（若p除(x²—1)，則p除x）

後設層級述句(metalevel)就是關於形式系統的述句，或是形式系統內的對象述句，例如：

(*1*)語句Q有兩個不同的解釋。

(*2*)語句S為真但無法證明。

(*3*)P，S，和Q是不一致的。

如果我們在學英文文法，英文就是對象語言，中文就

是後設語言。

葛佬秋對一個朋友說道：「你聽過那個由IQ零蛋
的人所組成的組織嗎？我正在看它的會員通
訊。」他停了下來，與朋友湊得更近，不經意地
說道，「Do you get it? Do you get it?（你有收到
嗎？你有收到嗎？）」他朋友以為葛佬秋在問他
懂不懂這個笑話，就回答：「是啊！」葛佬秋對
這個回答的反應是：「我真驚訝，我以為你比他
們聰明一點。」⑳

冒著賣弄學問的風險，我仍要說明一下，葛佬秋的朋
友把「Do you get it?（你懂嗎？或你有收到嗎？）」這句
話誤解為是這笑話後設層級(metalevel)的問題，而不是一
個屬於笑話一部分的對象層級問題。

在卡羅〈烏龜向阿奇里斯所說的話〉(What the Tortoise
Said to Achilles)一文中，烏龜犯了相反的錯。他將後設層
級的規則C與對象語句A、B、Z混淆在一起，C並不需要更
進一步的規則來解釋何時及如何使用它，但烏龜卻堅持須
有一後後設層級(meta-metalevel)規則D來解釋C，然後是後
後後設層級(meta-metametalevel)規則E來解釋何時及如何使
用D，以此類推。這烏龜根本不是在玩邏輯遊戲。

「優美的歐幾里德第一命題！」烏龜像作夢般地

囁嚅著，「你欣賞歐幾里德嗎？」

「你能欣賞在未來幾世紀都不會被發表的論著，真是太熱情了！」（阿奇里斯）

現在就讓我們來看看第一命題中的論證——只要兩個步驟，就可以導出結論。請你親切地把它們寫在你的筆記上，為了方便指稱它們，就叫它們A、B、Z：

(A)等於同者的事物彼此相等。

(B)這三角形的兩邊是等於同者的東西。

(Z)三角形的兩邊彼此相等。

「我該強迫你接受Z嗎？」阿奇里斯若有所思地說道，「你現在的立場是，你接受A和B，但你**不**接受這假設的——」

「讓我們稱它是C。」烏龜說道。

「——但你**不**接受(C)『 如果A和B為真，Z就一定為真。』」

「那是我現在的立場。」烏龜說道。

「我必須要求你接受C。」

「我會，」烏龜說道，「只要你把它加入你的筆記中，你還加了些什麼？」

「只是一些摘要，」阿奇里斯說道，緊張地弄亂葉子：「一些——我表現優異的戰役的摘記！」

「一堆空白的葉子嘛，我看！」㉑烏龜興奮地說
道，「**全部**都是我們需要的！」(阿奇里斯顫抖
著)，「現在，把我說的寫下來——

(A)等於同者的東西是彼此相等的。

(B)這三角形的兩邊是等同於同一事物的東西。

(C)如果A和B為真，Z就一定為真。

(Z)這三角形的兩邊彼此相等。

「你應該稱它D而非Z，」阿奇里斯說道，「它
是緊接著其他三個而來，如果你接受A和B和C，
你**必須**接受Z。」

「為什麼我**必須**如此？」

「因為它是**邏輯地**由它們推導而來，如果A和B
和C為真，Z一定為真，我想，你不會拒絕**這個**
吧？」

「如果A和B和C為真，Z**一定**為真，」烏龜謹慎
地重複這句話，「這是**另一個**假設，不是嗎？所
以，如果我並不認為這個假設為真，我仍有可能
接受A和B和C但不接受Z，不是嗎？」

「的確可能，」直率的英雄承認道，「雖然這種
疏失只是表面上的，但它還是個**可能發生**的事
件，所以我必須要求你接受另**一個**假設。」

「很好，我相當願意接受它，只要你把它寫下
來。我們就稱它(D)『如果A和B和C為真，Z**一定**

為真。』你把它記在你的筆記上了嗎？」

「**記了！**」阿奇里斯高興地叫道，正好用完他的筆。「最後我們終於到達這理想賽程的終點！既然你接受A和B和C和D，你**當然**就會接受Z囉。」

「我會嗎？」烏龜一臉無辜說道，「讓我們再搞清楚些，我接受A和B和C和D，若我**仍**拒絕接受Z呢？」

「那邏輯就會勒住你的喉嚨，**逼你接受它！**」阿奇里斯得意洋洋回應，「邏輯會告訴你：『你就是無法控制你自己，既然你接受A和B和C和D，你就一定會接受Z！』所以，你看，你是沒有選擇的。」

「邏輯好到足以來告訴我這些，也是值得**寫下來**的，」烏龜說道，「所以，請把它寫在你的筆記中，我們就叫它(E)『若A和B和C和D為真，Z一定為真。』在我沒有接受E之前，我不需要接受Z。所以，這實在是一個**必要的**步驟，你了解嗎？」

「我知道了。」阿奇里斯說道，他的語調帶了些哀怨。

哥德爾有名的不完備（後設）定理〔incompleteness (meta)theorem〕主要也依據對象與後設層級之區分，構想出一個簡單的形式系統，內含整數(whole numbers)和算數的基本公理。他有系統地為每個對象層級的述句指派單獨

一個代碼數目，也爲其證明(proof)指派單獨一個代碼數目，由這個編碼，代表數目的對象述句也能被理解爲表達了代表系統的後設述句，或代表個別對象述句的後設述句。若我們再謹愼聰明些，還可發現一個眞的述句G，若且唯若，它不可證明(unprovable)。

籠統來說，透過代碼的分配，描述所有數字的對象述句是無法被證明其指涉自己。如果公理全爲眞，系統也一致，我們有可能得到這樣的結論：這樣的述句G（記住，關於整數）旣不可從公理證明，亦不可從公理否證——根本是獨立於公理的。相同的概念擴大言之，則可顯示，任何形式系統無法證明某些眞理，因此，沒有一個形式系統可證明所有的眞理。

下列一則古老的笑話有異曲同工之妙：

　　一個新的囚犯感到很困惑，因為每次報數，其他的囚犯都在笑，有人告訴他，每一個數目都代表一個笑話，這樣就可以不必重說一次。令他好奇的是，當他報出63時，所得到的回應卻是一片寂靜。之後，他的室友解釋那還得看笑話到底好不好笑。

我想，這個後設笑話本身可被分配到一個代號，而且……

回

　　如果笑話不具「笑」果，喜劇演員通常就順勢貶責笑話自我解嘲一番，這樣還可以保住一個後設笑話。作者也是。

回

　　「這個具子有三個措誤」，如同在上一節的標題中，其中一個錯誤和另兩個是截然不同的類型（層級）。

回

　　與語言－後設語言之區分相關的是使用－提及(use-mention)之區分。例如，在下列句子中，第一組句子使用了「笑」和「丹尼爾」二字，而第二組則只是提及這二字：

(1)李雅看史墨夫的卡通而大笑。
(2)丹尼爾愛割草機。
(1')「笑」是「竹」字部首。
(2')「丹尼爾」是一個男孩的名字。

　　從以下真實的故事中便可看出，我們從五歲男孩身上所了解到的區分：

　　我的一個同事在家寫研究報告，他五歲的兒子在

隔壁房間玩積木，只要積木一倒，他兒子就使用
「狗屎」這無謂的字眼，因而再三地受到干擾。
我同事鄭重地警告他兒子不可再用那個字，但他
一回去繼續研究，就又聽到他兒子說了那個字，
他猶豫了一下，旋即衝進兒子的房間，卻聽到他
兒子不甘示弱地喃喃說道：「……是不好的字，
『狗屎』是不好的字，對吧，爹地？」

　　若忽略了使用與提及的區分，便會導致如下關於阿草
與阿花的論證：

阿花愛阿草。
阿草是一個有兩個字的名字。
所以，阿花愛一個有兩個字的名字。

◎

我應該有七筆劃。㉒

7 意義、指稱和朵拉的第一任丈夫
Meaning, Reference, and Dora Black's First Husband

　　意義、指稱、名字，和描述詞：這些概念是許多哲學邏輯爭論的核心，無論其結果如何，某些有名的難題必須被解決（或不被解決）。

　　「意義」(meaning)的意義是困難的，就算可能在最普遍的程度上定義它。早期的邏輯實證論者(logical positivists)提供了一個清楚──雖然彆扭狹隘──的說明，他們將命題的意義等同於檢證(verification)的方法，也就是能指出語句真值的任何觀察。使用這所謂的可檢證性原則，他們認為他們已成功地廢除形上學、神學，和倫理學，因為這三領域的命題似乎是不可檢證的。也因此，我們厭煩邏輯實證論的枯燥乏味。當然，尷尬的是，這意義理論之主要問題卻是：可檢證性原則本身是不可檢證的。「指稱」也是無法輕易論定的概念。但無論這些詞語(term)意指(mean)什麼，我們仍可談談它們之間的關聯。

　　兩個詞語或措辭可以指稱相同的東西(entity)（或一組東西），儘管它們有不同的意義。借用弗列格(Gottlob Frege)的經典例子，「晨星」(morning star)與「暮星」(evening star)的意義不同，有時則被說成是內涵(intension)上的不同，我們需要經驗上的發現才能理解此二措辭有相同的指涉物（意即，皆指稱相同的東西）──金星。同樣地，「《數學原理》的那位較年輕的合著者」和「朵拉·布萊

克的第一任丈夫」儘管意義不同，卻都指稱羅素此人。
「renates」意謂「有腎臟的動物」，「cordates」意謂「有
心臟的動物」，但它們都指稱同一類的動物，我們總是可
以發現有心臟的動物一定有腎臟，反之亦然。

　　一個詞語或表述若以具有相同指稱物的詞語或表述，
來替代該詞語或表述，而不改語句之真假值，我們說這語
詞是以「**外延地**」(extensionally)的方式出現在句子中。在
許多脈絡──的確在所有純數學脈絡中──這種等號兩邊
的代換是外延的，不會產生問題，事實上，這種概念的使
用對歐基里德來說是如此明顯，以至於把它視爲「常
識」，納入他平面幾何的發展中，而不須任何進一步闡明
或證明。如果 a 大於 x^2-1，且 a＝b，那麼 b 大於 x^2-1。
然而，在數學之外，這替代原理就不一定成功──如下列
論證所展示：

　　　總統以為哥本哈根在挪威。
　　　哥本哈根是丹麥的首都。
　　　所以，總統以為丹麥的首都在挪威。

　　　6大於3是數學定理。
　　　6是伊麗莎白‧泰勒的丈夫人數。
　　　所以，伊麗莎白‧泰勒的丈夫人數大於3是數學
　　　定理。

◎

　　述句或表述可能具有意義卻無指稱物（至少根據許多
哲學家的說法）。羅素著名的「現任法國國王是禿頭」即
是一例，羅素認為這句意指「有一個人是法國國王，且這
個人是禿頭」，在這分析之下，此句雖有意義，但為假。

　　喬治：彼德潘不存在。
　　瑪莎：你是指在空中飛，和虎克船長戰鬥，深受
　　小朋友喜愛的那個人？
　　喬治：對，他不存在。
　　瑪莎：誰不存在？
　　喬治：彼德潘。

　　瓦多：喬治，你什麼時候要去繳帳單的餘額？
　　喬治：別擔心，下禮拜的第二個星期二之前我會
　　給你。

　　有時甚至還產生更嚴重的困難，好比當喬治宣稱「我
哥哥是獨生子」。

◎

　　就如同兩個不同意義的詞語可有相同的指稱，一個語
詞可有許多指稱物，但只有一個意義，例如，「我的父

親」在我講出時，指稱我的父親，但當瓦多講出時，它指稱瓦多的父親（驚訝？）。同樣的，像「你」、「我」、「昨天」、「明天」、「這裡」或「那裡」等字基於時間、地點、說話者而有不同的指稱物。

◎

一日午後，某人和他的朋友走在街上，他認出他的妻子和情婦正在一間咖啡屋聊天，就很愉快地提到：「想像一個情婦與情人共處一上午，下午則和情人的妻子友善地閒聊。」他朋友一臉蒼白震撼的表情，「你怎麼知道的？」

◎

兩個牧師正討論當下性道德觀的衰敗，其中一位義正辭嚴地說道，「我和我太太在結婚前未曾一起睡過，你呢？」
「我不確定，」，另一位說道，「她娘家的姓是什麼？」

8 | 分析和綜合，布爾和波以耳，數學和烹飪法
Analytic vs. Synthetic, Boole vs. Boyle,
and Mathematics vs. Cookery

分析眞(analytic truth)是指：一句子的眞乃是根據所含字詞的意義。綜合眞(synthetic truth)是指：一句子的眞乃根據世界的實然(「如果喬治會散發異味又是禿頭，那他就是禿頭」對「如果喬治會散發異味，那他就是禿頭」。「單身漢是未婚的男人」對「單身漢是好色的男人」。「幽浮(UFO)是在空中飛的不明物體」和「幽浮載著小綠人」)。這是原本康德(Immanuel Kant)所做之區分的修飾，而源自休謨和萊布尼茲(Gottfried Leibniz)所提出類似的區分。某些哲學家，特別是美國的蒯因(W. V. O. Quine)㉓，已論證此區分並非牢而不破，亦不甚清楚，而只是程度或方便上的區分。但即使它並非絕對且不可變更，它仍是有用的區分。

當自大的莫樂蕊(Molière)醫生宣稱安眠藥是有效的，因爲它具有安眠的功能時，他只是說了一句空洞、分析的話，而非事實上的、綜合的話。《鏡中漫遊》中也有相同的情況，懷特騎士向愛麗絲描述他想唱的歌曲：

> 「它是悠長的，」爵士說，「但非常**非常**優美的曲子，任何聽我唱的人——要不感動得紅了眼

眶，要不──」

「要不怎樣？」愛麗絲問，因為爵士突然停了下
來。

「要不就沒有嘛，你知道的。」

同樣的，「除非一個成功的笑話是成功的，否則它不會是
好笑的」亦是如此，儘管它表面上說了些實質的東西，但
其實只是分析的真。它就等同於：「如果一個成功的笑話
是好笑的，它就是成功的。」

相反的，有時綜合真理(synthetic truths)被誤以為是分
析真或分析假的述句。例如，「芝加哥白襪隊穿白襪子打
這場比賽」，或者是那句不斷傳誦的「神聖羅馬帝國既不
神聖，非羅馬，也非帝國」。愛因斯坦相對論中關於時空
的聲明如今也被視為是綜合真，過去甚至現在許多人則認
為是分析上的假。

像以下對話中，透過重新定義，使得偏見被當作是分
析真而得以保留的例子，更是司空見慣：

喬治：蘇格蘭人不買珠寶。

瑪莎：可是麥葛瑞格才買了十四條珍珠項鍊。

喬治：那麼，麥葛瑞格不是一個真正的蘇格蘭
人。資本家(精神病患、猶太人、英國人、希臘
人、黑人，等等)不會做這種事，真正的資本家
才會這樣做。反正，他不是一個真正的資本家(精
神病患者、猶太人、英國人、希臘人、黑人，等

等）。

我們可以說，分析眞與綜合合眞之間的不同是布爾(Bo-
ole)的邏輯定律和波以耳(Boyle)的氣體定律之間的不同，
「o」和「y」的不同，大概就是形式科學（數學、邏輯和
語言學）與經驗科學（物理、心理學和烹飪）間的不同。

羅素曾提到：

> 純粹的數學全然繫於此類斷言，即如果如此如此
> 命題對**任何事**皆爲眞，那麼如此如此的另個命題
> 對那件事爲眞。這基本不是在討論第一個命題是
> 否確實爲眞，更不必提假設它爲眞時結果爲何
> ……如果我們的假設是關於**任何事**而非某一或某
> 些特定的事，那麼我們的演繹便構築了數學，所
> 以，數學則可定義爲一門我們從不知道在談論什
> 麼，也不知道我們在說的是否爲眞的科目。

雖然這種不知所談，也不知所講述的是否爲眞的人們
無所不在，可能暗示著數學天才比比皆是，但上述引文的
確簡明地概述了數學的形式方法：設定以形式語言表達的
公理，以及系統化表達的精確推論規則，根據推論規則從
公理導出定理，語意內容就被（可以被）忽略了。在這方
面，數學可比擬下棋──公理(axiom)就如同剛開始的棋

位，推論規則就如同棋步走法的規則，而定理(theorem)就如棋子後續的棋位。數學眞理，尤其是歐氏幾何學（借用康德的話來說）被認爲是先驗綜合(synthetic a priori)——也就是，它們之所以爲眞是因爲世界就是這樣子，然而獨立於經驗。波萊(Bolyai)、羅巴切夫斯基(Lobachevsky)⑳和高斯(Gauss)所發展的非歐幾何則否定這觀點，在非歐系統中，點、線和其他基本幾何用詞與關係，可被視爲滿足了包含這些用詞與關係的形式公理之**任何東西**；而且幾何定理只是由推論規則從公理引導出來的形式述句。這一切隱含在羅素的引文中。

只有當幾何用語有了經驗意義，談眞假的概念才妥當。法國數學家龐卡黑(Henri Poincaré)㉕曾說：「當我們問『歐氏幾何爲眞嗎？』這問題時，我們在問什麼？這根本沒意義，……某一種幾何不會比另一種幾何還眞，它可能只是比較方便。」(Poincaré, 1913)這是因爲數學追求的不是眞（後設層級的概念），而是形式結論（可證明性，一種對象層級的概念），不去問：「這對世界是眞嗎？」而問：「這是從那兒推導出來的嗎？」愛因斯坦表達相同的概念：「就數學指涉實在的性質而言，它們是不確定的；就它們是確定的而言，它們並不指涉實在。」一般而言，數學眞理是確定的，因爲它們是分析的；物理的眞不是確定的，是因爲它們是綜合的。

喬治在「放手一搏」相親服務網上，鍵入他的要

求條件（公理），他想要一個皮膚白、不多話、
毛髮柔順，但不屑城市生活的人，電腦就寄給他
一隻北極熊。

康德向羅巴切夫斯基木材公司訂購桌上型平板。
他頑皮地要求木板的平面必須滿足歐氏平面幾何
的（前四項）公理，木材公司就給他一塊馬鞍型
木頭。

綜合(synthetic)的科學定律和事實不能被先驗地決定，
似乎已是老生常談，下列引自西奇(Francesco Sizi)的引文
則顯示事實不見得如此。與同時期的伽利略(Galileo)透過
望遠鏡的發現相反的是，他「論證」木星沒有衛星：

在頭部有七竅：兩個鼻孔，兩個耳朵，兩個眼
睛，一個嘴巴；所以在宇宙中，有兩個吉祥的
星，兩個不祥的，兩個發光體，和未定、無關緊
要的水星。從這些和其他如七種金屬等等繁不勝
煩類似的自然現象，我們可以看出，行星的數目
必然為七。……況且，衛星是非肉眼能看到的，
所以對地球也就沒有影響，所以是無用的，所以
根本不存在。

德國哲學家黑格爾(Hegel)在小行星賽瑞斯(Ceres)發現

之前，也斥責天文學家並不重視哲學——就是根據黑格爾
先生所言，一種證明不可能有七個以上的行星的科學。

9 雜錄
Miscellany

　　我想以一些邏輯短篇笑話和故事來結束這章，第一種笑話僅由幾組話構成，每句話都是相同的文法結構但不同的邏輯（廣義、非形式意義下的邏輯）。

　　「瓦多喜歡先走黑卒(Waldo likes to move his rooks out early,)」對「電腦喜歡先走黑卒(MATE-IAC II computer likes to move its rooks out early.)」。

　　「直到無限(Going on to infinity,)」對「直到巴黎(going on to Paris.)」。
　　「誠實驅迫我(Honesty compels me,)」對「國稅局驅迫我(The IRS compels me.)」。

　　「現任俄國沙皇很肥(The present Czar of Russia is obese,)」對「現任美國總統很肥(The present president of the United States is obese.)」。

　　「當一位棒球選手(being a baseball player)」對「是一個棒球(being a baseball.)」。

「一個兇嫌(an alleged murderer,)」對「一個兇惡的嫌犯(a vicious murderer.)」。

「妳不再打妳老公了？(Have you stopped beating your husband?)」對「妳投給了美加龍米提了嗎？(Have you voted for Megalomeeti yet?)」。

「在世界開始前(before the world began,)」對「在非力斯球賽開始前(before the Phillies game began.)」。

「準備物理考試(studying for a physics test,)」對「研究尿液樣本(studying for a urine test.)」。

現代分析哲學有時被稱為語言治療法，像維根斯坦，萊爾(Ryle)和奧斯丁(Austin)等哲學家已下了很多分析的功夫，以治療一些潛伏周遭的語言毛病，尤其是上述所提及的語句。

◎

電視體育新聞報導：各位，我們快沒時間了，所以我很快地報出棒球比賽的比數，4比2，6比3，8比5，而真正緊張懸疑的比賽比數是，2比1。

◎

電視足球評論人：這些隊伍今天可真的來玩了 (These teams really came to play today)。

🌀

農夫： 烤肉是用"a"還是"o"？(Is kebab with an " a" or an "o"?)

蘇菲教派大師(Sufi Master)：用肉(With meat.)。

🌀

十歲小孩：彼得(Pete)和瑞比特(Repeat)在街上走著，彼得跌倒了，誰沒有？

七歲小孩：瑞比特(Repeat)㉖。

十歲小孩：彼得(Pete)和瑞比特(Repeat)在街上走著，彼得跌倒了，誰沒有？

🌀

瑪莎：喬治，在這場比賽中，作弊是被允許的。

🌀

一個妻子嘲笑她快抓狂的丈夫，因為一個裝滿子彈的連發手槍指著她丈夫的腦門，「別笑，」他對她說，「下一個就輪到妳。」

🌀

書的標題：《二十種恢復童貞的方法》。

⊚

曾有隻非常出色的馬，精通算數、代數、平面幾
何和三角函數，但給牠做解析幾何的問題時，這
隻馬卻又踢又叫，拚命掙扎。就是不能讓笛卡兒
(René Descartes)出現在這馬面前。

⊚

一個沒有明顯理由而有「cantaloupe」這個字的
問題，是個什麼樣的問題？（自我指涉）

⊚

柯斯：誰在一壘？
阿保：對呀，誰在一壘，強森在二壘。
柯斯：誰在一壘？
阿保：對，是誰呢，強森在二壘，瓦德要回本
壘。
柯斯：那誰在一壘？

⊚

侍者：您的晚餐要來點白酒或紅酒嗎？
喬治：都可以，反正我是色盲。

⊚

談到酒，有個古老的難題：從有八盎司水的杯子中舀

一湯匙的水，倒入有八盎司酒的杯中，然後將這混合液攪和攪和。舀一湯匙的混合液放入水杯，攪和攪和，現在是水中有較多的酒，還是酒中有較多的水？

@

　　如果你對這種邏輯精品感到頭疼，也許最後一個故事會讓你感興趣。羅素說了一個遇到岔路的人的故事，來諷刺一些哲學家毫無準確性。這個遇到岔路的人問一個碰巧在附近閒晃的哲學家，「哪條路可到崔雪鎮(Dresher)？」哲學家回道：「你是指這兩條路其中之一？」

　　「是的，是的。」

　　「你要找的是崔雪鎮？」

　　「是的，是的。」

　　「你想從這兩條路的其中一條到崔雪鎮？」

　　這個人越來越失去耐性，又問道：「對，哪條路是到崔雪鎮？」

　　「我不知道。」

　　這個哲學家並不是一個非常好的哲學家，他應該在告訴此人他不知道之前，就先問此人是否確定這兩條路之中，只有一條通到崔雪鎮。下一章將揭開更有意思也更惱人的無知。

譯註：

①原書英文爲 If I had a horse, then I wonld horsewhip yon!中文意思爲「如果我有一匹馬的話，我就會鞭打你」。

②上述三種情況可以眞值表(truth table)表示，其中，T表示「眞」，F表示「假」：

P	Q	P→Q	
T	T	TT	T
T	F	TF	F
F	T	FT	T
F	F	FT	F

③教授之所以竊笑，是因爲學生所說的那句話正是「任何事皆可由假述句導出」之一例，學生說「如果我了解那玩意，我就是猴子的叔叔」，事實上他不了解，所以前件爲假，整個條件句爲眞，所以此時，學生意外地應用了邏輯家的例子。

④葛佬秋・馬剋士的弟弟，見前章譯註。

⑤諾吉克(Robert Nozick, 1938-)，美國哲學家，專長爲政治哲學及知識論。

⑥三段論原文是 Syllogism，此處所用的 Sillygism 帶有嘲諷的意味，因爲 silly 是愚蠢的意思，Sillygism 似乎是指一些很愚蠢的三段式推論，雖有三段論之形，卻是無效的。且看此章分解。

⑦依作者所言，這個論證爲有效乃是基於一個先決要件，即只要一個人愛某個人，包括他自己，他就是愛人者。所以如果某人愛任一人，他就是愛人者，此二句以符號表示成：$(x)(y)(Lxy{\rightarrow}Lx)$，其中，$Lxy = x$ 愛 y，$Lx = x$ 是愛人者。以a代入x得 $Lay{\rightarrow}La$，即喬治愛任一人，則喬治是愛人者。但論證中提及喬治並不愛他自己，以符號表示爲 $\sim Laa$，又$\sim Laa$ 可推出$\sim La$，於是否定了

Lay→La中的後項，根據邏輯中MT規則（「若P則Q」為眞，則「若非Q即非P」為眞），也就是否定了前項，得到~Lay。令b＝瑪莎，以b代入y得 ~Lab，即喬治不愛瑪莎。（這個推論是把作者的思路展示出來，但這個推論本身混淆了一元述詞 La 和二元述詞 Laa）。

⑧以上兩例都是無效的，典型的蠢三段論(Sillygism)。

⑨face-off 指面對面的意思，但若就字面而言，off 有離開、脫落的意思，face-off就等於說臉或頭掉下來了，所以才認為 Leper Boxing亦是一種 face-off的運動，因為 leper指的是肢體殘缺的疾病，而在拳擊比賽中，一旦被打一拳，頭可能會不堪一擊而掉落。

⑩litter原意為「家畜窩裡鋪的乾草」，亦有「髒亂、垃圾」之意，而垃圾桶上的警語應是指「垃圾」，但若照字面解釋，則發生如文中所述之歧義。

⑪引號中所指的是指由上述四句話所構成的論證，但此論證中所提及的「論證」則是指其他論證。

⑫這節討論「自我指涉」的問題，而此句正是一例。讀者可發現二個錯字，「提」和「悟」，而另一個錯誤不在於字錯，而是此句只有二個錯誤，它卻說有三個，這就是第三個錯誤。但第三個錯誤和前兩個錯誤在不同的層次上。

⑬此處暗諷因水門事件下台的尼克森總統是個現代的艾匹曼尼迪司。其中的 sentence 有「宣判」的雙關意義，原句的意思是「這個判決是不算數的」，但 sentence 也作「句子」，故變成「這個句子是不算數的」。

⑭原文本是：A man, smiling and holding a small tree branch above his head, informs a bank teller, " This is a stick-up." （一個面帶微笑、

頭頂樹枝的男人告訴銀行出納員說：「這是『搶劫』。」）stick-up字面上的意思為「直立的樹枝」，亦有「搶劫」的意思。由此我們可以看到，這是利用日常語言的雙關話所造成的笑果。譯者修改成利用諧音來造成的笑果。兩位分別說英文和中文的「搶劫者」，可能都會被當成神經病。

⑮這句中的驚嘆號本應在句尾卻被提前，所以是「提前」的驚嘆號。

⑯原書中的句子為 This sentence is graduellement changeant en français，意指「這個（英文）句子逐漸變成法文」，讀者可以發現，以上三個句子都在指涉自己。但指涉自己又自我否定時，就會形成悖論。

⑰克里普其(Saul Aaron Kripke, 1940-)，美國邏輯學家、語言哲學家。

⑱讀者可以想像貼好郵票的信封，一旦將收信人寫為「信封」，那麼，這封信瞬間就已到達收信人手中。

⑲患有閱讀困難症的人無法正確判讀字型，亦會將字序搞錯。此句即在自我顯示此症的狀況。

⑳do you get it 的另一義是「你懂嗎」。我們有一個常見的類似笑話：

A：「你有沒有聽過一隻搖頭的豬的故事？」B 搖搖頭。

A 驚訝道：「原來你就是那隻豬！」

㉑阿奇里斯宣稱那些葉子是「我表現優異的戰役的摘記」，烏龜卻說：「一堆空白的葉子。」暗喻阿奇里斯「表現優異的戰役」其實是「空白的」。阿奇里斯在荷馬《伊里亞德》著作中被稱為英雄，但其實荷馬對阿奇里斯的「英勇戰役」並沒有什麼著墨。

㉒原書中的例子為：i should begin with a capital letter.（我(I)應該用大寫字母開頭）。

㉓蒯因(1908-2000)：美國哲學家、邏輯學家。於公元兩千年十二月二十五日去世（恰於本書校訂期間）。

㉔非歐幾何創建人之一，在其幾何系統中，三角形三內角和小於一百八十度。

㉕龐卡黑(Henri Poincaré, 1854-1912)，法國數學家、哲學家。

㉖repeat 作為動詞義為「重複」，十歲小孩以為七歲小孩要他重複說一次。

科學 ③
Science

啊！這玩笑開得好不容易看穿，
好神祕，猶如人臉上的鼻子。
——威廉・莎士比亞

有人問聖奧古斯丁(Saint Augustine)：
「上帝創造世界前在做什麼？」
他說：「在為問這個問題的人創造地獄！」

1 | 歸納法、因果關係和休謨的雞蛋
Induction, Causality, and Hume's Eggs

> **婦人**：醫生、醫生，你一定要幫我，我先生以為
> 自己是隻雞！
> **醫生**：真是可怕！他從多久前開始這樣認為？
> **婦人**：從我記得的時候就這樣子了。
> **醫生**：既然這樣，為什麼不早一點來找我呢？
> **婦人**：我有想過，但是我們需要雞蛋啊！

萬一醫生回答婦人說他也需要雞蛋，那麼對歸納法(induction)的懷疑就可以仿照上述對話寫成：

> **婦人**：教授、教授，你一定要幫我，我先生要用
> 歸納法證明所有歸納論證使用的正當性。
> **休謨教授**：真是可怕！他從多久前開始這樣做？
> **婦人**：從我記得的時候就這樣子了。
> **教授**：既然這樣，為什麼不早一點來找我呢？
> **婦人**：我有想過，但是我們需要那些歸納論證
> （的結論）啊！
> **教授**：恐怕我也需要那些結論！

以下我要概括說明人們通常所稱的「休謨的傳統歸納

問題」，或是如羅素所稱的「哲學之恥」(the scandal of philosophy)。日常生活中，我們每天不加懷疑地使用歸納論證（結論擁有的資訊超過前提所給予的），爲什麼我們會如此自信地認爲歸納論證的前提眞通常足以保證結論爲眞呢？由於太陽過去每天都規律地升起，所以太陽明天也會升起；由於石頭過去被丟出去後總是落下，所以將來石頭被丟出去後也會落下；上述兩個論證肯定不是演繹有效的，似乎只有歸納論證可以說明爲何這些自然規律能夠一直運作下去：由於這些自然規律在過去都運作良好，所以它們將來也會持續地運作下去。不過一旦要用歸納法證成歸納法，無疑地就犯了循環(circular)或乞求論點(beg the question)的謬誤①，簡單地說，這就如同有人問「爲什麼在某些面向上，未來的會與過去的相似」，有人回答說「這是因爲在那些面向上，過去的未來(past futures)總是與過去的過去(past pasts)相似」，而這根本沒有回答問題，因爲這回答的效力在於未來會與過去相似──這點正是爭議的焦點。

　　有許多人企圖洗刷「哲學之恥」，一個解決的方法就是接受自然齊一律(uniformity of nature)，這是一個非經驗的原理，主張自然界（在時間流逝中）具有齊一性。問題是這個「解決方法」其實也犯了乞求論點的謬誤，因爲自然齊一律也需要歸納法證成。不過這方法的優點是，照羅素在其他地方的說法：「偷雞摸狗勝過老實苦幹。」(theft over honest toil)另一個洗刷哲學之恥的方法是，將歸納論證進行分級〔例如分成歸納論證，後設歸納(meta-inductive)論證，後設後設歸納(meta metainductive)論證，以此類推〕，利用這樣的位階關係證明歸納法的正當性。不過這個方法要不行不通，要不就是它的證明力太過頭了，反而「證成」很多奇怪的行爲。

皮爾斯(Charles Saunders Peirce)和萊亨巴哈(Hans Reichenbach)曾提議以實用主義立場證成歸納法，大致上是這樣：「也許歸納法行不通，但如果有什麼東西行得通的話，就是歸納法。也許宇宙間沒有秩序，但如果有的話（在任何層次），歸納法終究會找到的（在下一個更高的層次）。」這個進路有其優點，但亦有其問題（在「終究」這個詞上）。最後，有人企圖用消解(dissolve)問題的方式解決傳統的歸納問題，從常識的觀點來看，歸納規則意味著合理性(rationality)，因此無須更進一步的證成②。

我在序言中寫道，哲學不是爲生命提供方向，也不是作爲神學或數學的分支，也不是讓人們在面對逆境時得以泰然自若。所謂「哲學」，不過是像上述那樣的討論——無論休謨的歸納問題解決與否，這些討論都漂亮地展現出何謂哲學探究。一旦人們知悉休謨對於歸納法（以及以下將提到的因果關係）的批判，就不太可能再以從前的觀點來看歸納法。再也沒有新的事實、定理或法規出現，只是偶然驚訝地了解到，原來歸納法和我們日常生活中想的並不一樣，我們日常的焦點通常放在我們需要的雞蛋上。

一個休謨風格的歸納論證：

　　瑪莎：目前為止，我每次生日的歲數都小於二十
五歲，根據歸納法，以後我的所有生日歲數都將
小於二十五歲。

　　　　　　　　　　　回

　　休謨對因果概念的分析同樣也是懸而未決的。休謨認
為人們說「A引起B」(A causes B)時，不過是指A和B「恆
常連結出現」(constant conjunction)，也就是說，截至目前
所觀察到的事件A與事件B，B都伴隨在A之後發生。不過A
和B之間的連結並不是必然的或邏輯的，因為我們輕易地就
可以設想出A發生而B不發生的情況。許多人──當然也包
括康德──相信原因與結果是藉由經驗發現，而不是靠先
驗推理(a priori reasoning)得到的③。

　　然而，上述對於原因與結果的看法也有問題。以科學
定律為例，它們難道只是A與B過去「恆常連結出現」的精
簡通則，或者B伴隨A出現的一再重述嗎？古德曼(Nelson
Goodman)④提到，科學定律可以支持「非現實條件」
(counterfactual condition)（如下列形式的述句：「萬一A發
生，則B發生」，但A實際上並**沒有**發生），而偶然通則
(accidental generalization)就不行。

　　因此，科學定律：「凡密度大於水的東西，放入水中
就會沉下。」支持非現實條件：「如果把這支鐵釘放進水
裡，它就會沉下去。」而偶然通則：「凡是在喬治小學數

學第五班的學生都是半文盲(functionally illiterate)。」並無法支持非現實條件：「如果瑪莎在喬治小學數學第五班，她就是一個半文盲。」同樣的，偶然通則：「所有含純砷固體之質量都少於一噸。」並無法支持非現實條件：「兩個含純砷固體合起來的質量超過一噸，但無法融合成一個固體」，或者「如果兩個像那樣的固體融合起來，其質量仍少於一噸」。

由此可見，科學定律的存有地位(ontological status)仍然曖昧不明。科學定律似乎沒有弱到只是恆常連結的精簡通則，因為科學定律支持非現實條件，但科學定律似乎也沒有強到像是必然眞理或邏輯眞理一般。

◙

羅斯登有個不大相干的故事，可以用來說明前面提到的非現實條件：

一個**傻子**要去相親，相親前他去找一個朋友，希望從他那裡得到一些建議。朋友跟傻子說：「告訴你一個秘密，猶太的女孩子最喜歡講的事情就是食物、家庭、還有哲學。只要跟她談這三件事就對了。問她喜歡吃什麼，會讓她覺得你重視她；談她的家人，顯得你正大光明；和她討論哲學，會使她覺得自己有內涵。」**傻子**聽了如獲至寶，回家路上不斷喃喃自語著：「食物、家庭、哲學！」

到了相親那一天，傻子看到女孩開口就問：「妳
好，請問妳喜歡吃麵嗎？」
女孩被這突如其來的問話嚇了一跳，急忙說：
「對不起，我並不喜歡吃麵。」
「那妳有沒有弟弟呢？」傻子接著問。
「沒有。」
傻子猶豫了一會兒說：「好吧！這樣問好了，假
如妳有弟弟的話，那他會喜歡吃麵嗎？」

◎

學醫的人和生物學家有時會以怪異的方式使用
「cause」（原因；導致）這個詞，他們會說：如果 x 可以
治療 y，那麼少了 x 的話就會 cause（導致）y。例如，如
果多巴胺可以治療巴金森症患者的顫抖，那麼少了多巴胺
會 cause（導致）巴金森症的顫抖。幸好在日常生活中，人
們不太可能犯下這類錯誤，例如根本沒有人會這樣推理：
由於阿斯匹靈可以治療頭痛，所以如果血液裡少了阿斯匹
靈就會 cause（導致）頭痛。

在社會科學裡，「cause」這個字的使用也有類似情
況。

◎

兩個澳洲土著來到湖畔。他們第一次看到滑水運
動，此時滑水員正由汽艇牽引，在湖面上左右繞

行，上下跳躍表演著。

「為什麼那艘船跑得那麼急？」其中一個土著
問。

「你沒看到繩子後面有個瘋子在追它嗎！」另一
個土著回答。

2 巨龜是世界的第一因？
The Tortoise Came First?

羅素曾引用一個古印度神話，來說明支持上帝存在的第一因論證(first-cause argument)的論證結構。

> 古印度人說，整個世界是由一頭大象支撐著，大象又是由一隻巨龜支撐著。若有人問：巨龜又是由什麼來支撐呢？印度人回答說：「讓我們換個話題吧！」

但我們**不換話題**。假定「原因」這個詞可理解成**幾種**意思：要麼所有事都有原因，要麼有某事沒有原因。如果所有事都有原因，那麼上帝的存在也要有原因。如果有某事沒有原因，那麼為什麼是上帝或巨龜，而不是自然界呢？

我們可以由聖奧古斯丁(Saint Augustine)的激烈反應，看出上述答覆的說服力。曾有人問他：「上帝創造世界前在做什麼？」他說：「在為問這個問題的人創造地獄！」

證明上帝存在的自然律論證(natural-law argument)與第一因論證的結構類似，因此對第一因論證的攻擊也適用於自然律論證。自然律論證假定了上帝的存在，以其作為世界秩序和自然律的立法者。不過，無論這個論證的效力多強，一旦人們追問為何上帝要創造這些自然律，論證的效

力就會大打折扣。若上帝創造自然律並不因為任何理由，只是祂一時興起而已，那麼，就有某物的存在不從屬於自然律，進而自然律的鏈鎖就斷了！另一方面，若上帝創造自然律是因為某些理由，那麼，上帝本身也從屬於法則，引入上帝來作為第一位的中介者也就沒有什麼意義了！

◙

有一種統計學式的「自然律」，它說如果你擲兩個骰子，出現兩點（每個骰子出現一點）的機率是三十六分之一。許多自然律就是屬於這種類型，雖然它們在某一層次上展現出秩序或規律性，但這秩序或規律性必須透過低一層次的亂度(disorder)或隨機性來展現。比之於熱力學(thermodynamics)的第二定律，它說在任何**封閉**系統中，系統中的熵(entropy)——概略的說法是亂度——會持續增加（生物像是有秩序的小天地，它會自我複製，朝向更複雜的結構演化。但生物不是封閉系統，因此不能作為熱力學第二定律的反例。生物會攝食，靠陽光取暖等等）。

去想像一個**完全**隨機的宇宙，雖然不是不可能，但實際上卻不容易。每個宇宙在某個層面上必定具有某種秩序或規律，就算這規律只是匹克威克式的(Pickwickian)⑤。即使是個紊亂異常的宇宙，我們還是有辦法描述這紊亂（假定我們就身處其中，但這事實上不太可能），或者闡釋某些較高階的預測，而這些預測是較低階的預測做不來的。

◙

為什麼下面的事情不叫「奇蹟」呢？驟然間狂風
大作，把十樓陽台上的花盆吹翻，砸在樓下行人
的頭上。或者，某人虔誠地為盲人禱告祈福，盲
人卻變成瘸子。

各種不同的常數：普朗克常數(Planck's con-
stant)、限速每小時55英里、1碼3英尺、π。
各種不同的法則：質能守恆(Conservation of
mass-energy)、停車法規、你不該殺人、波以耳
氣體定律(Boyle's laws of gases)。

第一因與自然律論證的支持者可透過合理化第一因概
念來回應反對意見，即：第一因不只引起第二因，也引起
它自己；類比於自然律，最普遍的定律不只說明次普遍的
定律，也說明它自己。諾吉克在他的書《哲學說明》(Phi-
losophical Explanations)中提到一種「自我包含原則」
（self-subsumptive principle；簡稱P）：任何有特徵C的似
定律述句(lawlike statement)就是真的⑥。原則P被用來說明
其他較不普遍的定律為何為真：較不普遍的定律為真，乃
因它們具有特徵C。那又是什麼來說明P為何為真呢？答案
是：P說明它自己為何為真，因為P也具有特徵C。簡言之，
P若是真的，就自己說明自己。
即使諾吉克承認這個說法「看起來十分奇怪──有點

像是騙人的把戲」（一九八一），不過他也指出，除了這個解釋，我們沒有太多選擇。你可以想想看，層層相因的因果（或定律）鏈鎖，要麼是有限的，要麼是無限的。如果這鏈鎖是有限的，那麼終止後退的最基本原因（或最普遍定律）只有兩種可能：要不是蠻橫武斷的事實(brute, arbitrary fact)，就是自我包含的。

自我包含原理不必比它說明的事物來得高深，也許稍微改變一下克律普其的真理理論可以說明這點：述句自然地到達其層次，而不是預先被指定到某個固定的層次上；而且自我指涉的述句有時會得到真值（或許，就算有某種悖論的述句，其真值搖擺不定——也就是說，如果把它當成真的，推論到最後卻發現它是假的；如果把它當成假的，推論到最後卻發現它是真的——就可以得到其物理意義，使其與自我包含的概念一致）。

諾吉克還以神秘的瑜珈體操做類比，用這個體操說明自我包含在經驗上如何可能。他說：「練習與無限合而為一的瑜珈體操中，（男性）瑜珈修行者各自含著自己的陰莖(auto-fellatio)，他們體驗到一股強烈而恍惚的自我生產感，一種天人合一、返璞歸真的真實感覺。」（一九八一）

當然，這裡所說的全都與馬剋士理論相反。如同馬剋士（葛佬秋）自己觀察到的：「起初是羅素，他把數學定義成我們自己不知道自己在講些什麼，或我們自己不知道自己所說的是否為真的一種研究。而現在是這個諾吉克小丑，他說宇宙最基本的定律與瑜珈術的自我玩弄一樣。雖

然我可以批評他們，不過他們還是像以前一樣叫我小
丑。」

　　帕斯卡曾說：「要成爲哲學家就去嘲笑哲學。」（一
九六六）儘管這並不完全是眞的──嘲笑哲學只是成爲哲
學家的必要條件，而不是充分條件──但是帕斯卡與葛佬
秋所說的，的確造成幽默與哲學間的深沉共鳴。理想上，
爲了坦率、勇敢地回應世界，幽默和哲學兩種活動都「需
要」（事實上是「預設」）一個走出固定角色、固定規則
和固定程序的自由心智。這是最理想的。

3 | 鳥和奇怪的顏色
Of Birds and Strange Colors

　　撇開休謨的歸納問題不談（無論它是被解決、解答、消解或忽略），關於規律性還有另一個問題：自然界中，什麼樣的規律性可以投射(project)到未來？舉例來說，目前為止所觀察到的水（在正常大氣壓力下），冰點都是攝氏零度，因此把水與冰點攝氏零度之間的規律連結投射到未來，這看起來似乎是合理的。再看一個例子。每當經濟蕭條時，太陽黑子總是特別大。但是把經濟蕭條與太陽黑子之間規律連結投射到未來，這似乎就不是那麼合理。

　　相較於上述兩個例子，古德曼在一九六五年提出一個更能凸顯問題的悖論來質疑何種規律性可投射到未來。這個關於投射性的悖論可以藉由兩個奇怪的電力學詞彙——「**導絕體**」(condulator)和「**絕導體**」(insuductor)——來說明：首先選定未來中的某一天，例如西元二〇一〇年一月一日。假設有個東西叫做**導絕體**，它在西元二〇一〇年前是導體，或在西元二〇一〇年一月一日後是絕緣體，另外，有個東西叫做**絕導體**，它在西元二〇一〇年前是絕緣體，或在西元二〇一〇年一月一日後是導體。現在以銅線做為測試的對象，結果發現到目前為止（例如一九八四年），被測試的銅線都是導體，因此我們認為已有足夠的證據來支持銅線是導體。然而，古德曼卻指出，到目前為止被測試的銅線也可以是**導絕體**，因為我們目前擁有的證

據同樣可以支持銅線是**導絕體**（在西元二○一○年後才會
是絕緣體）。

　　有人反對使用「**導絕體**」和「**絕導體**」這兩個電力學
詞彙，因為它們是以時間西元二○一○年來定義的。不
過，萬一真的有人去發展一套語言或科學理論，並將**導絕
體／絕導體**作為其語言或理論的一部分，就可以對我們提
出相同的控訴。例如他們可以說，「導體」其實是一個奇
怪的詞彙，它被定義成在西元二○一○年前是**導絕體**，在
西元二○一○年後是**絕導體**，而「絕緣體」也是個相當奇
怪的詞彙，它被定義成在西元二○一○年前是**絕導體**，在
西元二○一○年後是**導絕體**。

　　進一步來看，不只是單獨的字詞，語言、理論和世界
觀合起來構成了人們對世界的認識，人們彼此之間以不可
共量的方式觀看世界，因此對未來有著不同的期待。例如
我們可以準備兩台電椅，一台接上銅線，一台接上石棉
線，在西元二○一○年一月一日時，讓兩種不同世界觀的
科學家們選擇要坐哪台椅子。

　　古德曼原本舉的例子是關於「**綠藍色**」(grue)和「**藍綠
色**」(bleen)這種奇怪的顏色，一般稱之為**綠藍色─藍綠色
悖論**(grue-bleen paradox)。某物是**綠藍色**的，如果它在西元
二○一○年前是綠色的，或在西元二○一○年後是藍色
的；某物是**藍綠色**的，如果它在西元二○一○年前是藍色
的，或在西元二○一○年後是綠色的。古德曼在這裡所要
強調的是，所有用來支持翡翠是綠色的證據，同樣可以用
來支持翡翠是**綠藍色**的這個命題。而且使用**綠藍色─藍綠**

色詞彙的人還可以說,藍色、綠色才是奇怪的顏色詞彙,綠色指西元二〇一〇年前是**綠藍色**的,或在西元二〇一〇年後是**藍綠色**的,而藍色指西元二〇一〇年前是**藍綠色**的,或在西元二〇一〇年後是**綠藍色**的。當然,這類謎題(puzzle)可以無限例舉,例如**共民黨員**(republicrat)和**民共黨員**(democan)⑦也是一例(可以預見的是,西元二〇一〇年將是巨變的一年)——但要如何說服他們則是另一個難題了。

另一個有趣的悖論是韓佩爾(Carl Hempel)⑧提出的,由於他喜歡用烏鴉當作例子,所以一般將他的悖論稱爲「烏鴉悖論」(raven paradox)。這個悖論說,假設我們想印證「所有的烏鴉都是黑的」(All ravens arc black.)這句話爲眞,最好的方法就是走出戶外實地考察,看看世上的烏鴉是不是黑的;如果考察的個例夠多,我們就能印證(不必是百分之百的檢證)「所有的烏鴉都是黑的」這句話。問題是,根據基本邏輯,「所有的烏鴉都是黑的」和「所有非黑的都是非烏鴉」(All non-black objects are nonravens.)這兩個語句是邏輯等值的,所以支持其中一個語句的任何證據同樣也可支持另一個語句。舉例來說,粉紅色的火鶴、橘紅色的襯衫,和黃綠色的燈罩都是非黑的東西,因此印證了「所有非黑的都是非烏鴉」,因而也印證了「所有的烏鴉都是黑的」。如此一來,粉紅色的火鶴、橘紅色的襯衫,和黃綠色的燈罩等等非黑的東西都可以印證「所有的

烏鴉都是黑的」，這不是很奇怪嗎？

我們也還不清楚問題究竟出在哪裡，不過有兩點倒值
得注意。第一，證據如果只是在數量上的取得優勢，這樣
並不足以印證某個語句。第二，非烏鴉和非黑的東西，其
數量遠遠超過烏鴉和黑色的東西。也許我們可以把粉紅色
的火鶴、橘紅色的襯衫，和黃綠色的燈罩理解成對上述兩
等值語句的印證，不過它們的印證是相當微量的，不如黑
烏鴉的印證效力。

同樣的，爲了印證「所有的國會議員都有文法使用上
的問題」，我們可以到街上找個會用文法的人，並且不是
國會議員，就可以極弱地印證上述述句，雖然更決定性的
印證是去參與國會聽證會。

一般說來，我們很難判斷某一觀察何時印證（不必是
百分之百的檢驗，再次提醒各位）述句。韓佩爾談到，人
們希望印證概念可以滿足某些條件，兩個明顯的條件是：
(1)如果觀察 o 印證述句 h，而 h 蘊涵另一述句 k，那麼 o 印
證 k。(2)如果觀察 o 印證述句 k，而另一述句 h 蘊涵 k，那
麼 o 印證 h。

從(1)和(2)可以導出下列結果：設 h＝相對論，k＝自動
調溫器設定在華氏八十度以上。房裡變熱可印證 k（房間
裡突然變熱，人隨即聯想到的就是有人去調動調溫器的設
定）；根據(2)，房裡變熱因此可印證複合述句（h 和 k）
（符號化爲 h∧k），因爲 h∧k 蘊涵 k。根據(1)，h 因而獲
得印證，因爲 h∧k 蘊涵 h。因此我們結論說，房裡變熱印
證了相對論！把(1)和(2)合起來使用很明顯地是有問題的，

特別是⑵更是可疑。不過，⑵及其弱化觀點卻常常為人使用，而且在日常的科學活動上，⑵及其弱化觀點也是必要的，即使⑴並不是如此。

回

　　這裡討論最後一個奇怪的例子。從柏拉圖以來，許多哲學家認為知識是合理的真實信念(justified true belief)，即知識的主體 S 知道命題 P，必須滿足下列三個條件：(a)P是真的；(b)S相信P是真的；(c)S有充分理由相信P是真的。葛棣爾(Edmund L. Gettier)在一九六三年指出這三個古典條件並不足以構成知識⑨。以下我們舉例說明。

　　假設喬治和瑪莎兩人在羅爾‧斯羅伯維亞(Lower Slobovia)州立大學應徵同一項工作，而且只有他們兩個應徵者而已。我們再進一步假定，喬治有夠強的證據支持下列命題：⑴瑪莎將會錄取，此外她應徵那天頭髮是散亂的。喬治相信⑴的證據是：單位主管私下告訴喬治，瑪莎擁有的專長（而喬治沒有）符合公司需要。此外，喬治看到瑪莎與主管談得十分愉快。相反的，主管與喬治的面談只是草草幾句而且很快就結束了，之後主管還斜視著喬治跟秘書竊竊私語，只見秘書咯咯地笑個不停。

　　命題⑴蘊涵命題⑵：錄取者的頭髮是散亂的。喬治知道⑴蘊涵⑵，並且基於⑴的理由接受⑵，如同我們上面看到的，喬治有夠強的證據相信⑴是真的。

　　談到目前為止都沒問題。但是，假設這單位主管實際上要錄取的是喬治（假設這個主管心理有問題），只是喬

治自己還不知道這件事。另外，喬治也不知道其實在應徵
那天，他的頭髮在搭電梯時被空調的風扇吹亂了。命題(2)
是真的，即使蘊涵命題(2)的命題(1)是假的。如此一來，知
識的三個條件都被滿足了：(a)命題(2)是真的；(b)喬治相信
(2)是真的；(c)喬治有充分的理由相信(2)是真的。但是在這
情況下，我們並不認為喬治知道(2)，因為(2)之所以為真是
因為喬治有一頭亂髮，而這是他自己所不知道的。因此合
理的真實信念並不足以構成知識。

　　如果合理的真實信念無法構成知識，接下來的問題
是：什麼才能構成知識呢？根據德瑞斯克(Fred Dretske)和
諾吉克的說法，知識必須涉及虛擬的(subjunctive)或非現實
的(counterfactual)條件。也就是說，S知道P，如果：(a)P是
真的；(b)S相信P；(c)若P不是真的，則S就不會相信P；(d)
若P是真的（但其他小地方不同），則S仍然會相信P。舉
例來說，依上述判準，喬治並不知道「錄取者的頭髮是散
亂的」。如果命題(2)並不是真的——例如應徵那天喬治的
頭髮並沒有被電梯內的空調吹亂，並且是他得到那份工作
——喬治還是會相信命題(2)，因此條件(c)並沒有被滿足，
喬治不能說他知道命題(2)（條件(d)是用來處理其他相關的
困難）。

　　雖然這四個條件足以構成知識，而且非現實條件和虛
擬條件也有助於科學定律（或「可能世界」等概念）之分
析，為何我們不就此結束這個爭論，消解這個問題呢？許
多哲學家不這麼做的理由是，一旦我們著手分析就會發
現，這些條件就如同它們所要澄清的對象，也是相當有問

題的。

4 真話，半真的話，還有統計數字
Truths, Half-Truths, and Statistics

　　迪斯雷里(Benjamin Disraeli)⑩造了一個詞：「謊話，該死的謊話，還有統計數字」，這個詞（以及這樣的感受）一直持續著，但我比較喜歡「眞話，半眞的話，還有統計數字」這種說法。無論如何，即使是統計學中相較下頗爲普通的應用都會引起許多問題，更不用提統計學和其他東西合併起來使用時的恐怖，像是常被誤解的 SPSS 電腦軟體（Statistical Programs for the Social Sciences〔社會科學統計軟體程式〕）。

　　大體而言，機率和統計學就像幾何學和數學，有兩個不同的層面：純粹的和應用的。純機率論是形式化的計算系統，系統中的初始字詞無須解釋，它的公理旣不眞也不假。公理的來源和意義最初是從現實中對於「機率」(probability)、「事件」(event)和「隨機取樣」(random sample)等等字詞的解釋而來。在運用機率和統計學時遇到的問題通常不是在形式的數學演算上，而是它們在運用的適當性、解釋的有效性，以及整個理論建構的「合理性」(reasonableness)上。最後一項工作已超過數學本身所能處理的範圍，必須回到常識中晦暗不明之處以及科學哲學（**綠藍色—藍綠色**悖論、烏鴉悖論等等）的範疇中尋求解決。儘管一加一等於二，不過一杯水加一杯爆米花卻不等於兩杯水和爆米花的混合物。數學本身沒有問題，但運用起來卻

不見得如此。

◙

瑪莎：「喬治，你怎麼算出這東西的密度？」
喬治：「是這樣的，這東西重約17英磅，體積約
29立方英尺，所以我猜它的密度是 0.58620689551
英磅／立方英尺。這台計算機真棒！」

◙

　　貝比‧魯斯(Babe Ruth)⑪和傑里格(Lou Gehrig)兩人曾
是紐約洋基隊的棒球成員。假設某年球季，魯斯在上半季
的打擊率高於傑里克，而且假設在下半季，魯斯的打擊率
還是高於傑里克，不過是否有可能在整個球季結束後，傑
里克的打擊率比魯斯的打擊率來得高？其實我講了這麼
多，目的就是暗示各位答案是肯定的，但怎麼會這樣呢？
　　其中一種可能的情形是，魯斯在球季上半季的打擊率
是 0.344，上場打擊 160 次，擊出安打 55 支，同時，傑里
克的打擊率是 0.342，上場打擊 240 次，擊出安打 82 支。
在球季下半季，魯斯的打擊率是 0.250，上場打擊 240 次，
擊出安打 60 支，傑里克的打擊率是 0.238，上場打擊 160
次，擊出安打 38 支。然而把整個球季合起來看，傑里克的
打擊率是 0.300，高於魯斯的打擊率 0.287。
　　因此，即使是小學三年級的平均數概念都會被誤用，
更不用說（我先前提過的）複雜的多面變異數分析在運用

上會如何。

☺

　　瓦多來自 x 國，該國百分之三十的居民具有某項特徵
C。若我們對瓦多的認識僅止於此，那麼假定瓦多具有特
徵C的機率是百分之三十似乎沒什麼不妥。不過我們後來
發現，其實瓦多也隸屬某個民族，這個民族是由 x、y、z
三個國家的人民組成，其中有百分之八十的成員具有特徵
C；在這個情形下，瓦多具有特徵C的機率是多少呢？如果
我們最後確定瓦多隸屬於廣義的 x 國族，該國族有百分之
十五的成員具有特徵C，那麼瓦多具有特徵C的機率又是多
少呢？在這些資訊下，我們要如何計算瓦多具有特徵C的
機率呢？

☺

　　維根斯坦說，有個人不確定他手中那份報紙對某
事的報導是否屬實，所以去買一百份相同的報紙
來確定那件事是真的。在新聞從業人員與大眾媒
體之間的報導普遍地相互引用的情況下，拿再多
不同的報紙或期刊來確定都是不明智的。

☺

　　新聞稿：墮胎風氣在某些國家逐漸盛行，因此排
隊做手術的等待時間急速拉長。專家預測，依照
這種成長速度，很快就會變成要排一年的隊才有

辦法做一次墮胎手術。⑫

對未來「趨勢」做直線式的預測或推斷，通常就像這則「新聞稿」一樣可靠。

◎

據統計顯示，大多數汽車事故發生在離家近的地方；如此看來，離家近的地方是開車最危險的地方。

據統計顯示，汽車事故很少發生在時速 153 公里以上；所以，顯然在這個車速下行駛的確是相當安全的。

◎

下面這件事令人難以想像，而且幾乎與我們的直覺相悖：如果從電話簿中任意挑出剛好23個人，其中至少有兩個人是同一天生日的機率是 0.5（機會約五五波）。近來有個人在電視的脫口秀節目中，試圖說明這件怪事發生的原因。主持人則是相當懷疑，他認為來賓說的肯定不對。為了證明這點，主持人隨即詢問現場觀眾有多少人和他一樣是三月十九日出生，結果 150 幾位觀眾中沒有任何人應聲。主持人因此認為他的懷疑是對的，令來賓感到十分尷尬。事實上，主持人問的問題與來賓想談的問題十分不同。根據統計結果證明，任意選定一群人，而且先**選定**任意一個日期（例如三月十九日），至少有一人是此日期出生的機率是 0.5，這樣的任意一群人需要有二百五十三個

人；任意選定某一群人，其中至少有兩個人生日相同的機率是 0.5，這樣的任意一群人只需要二十三個人。

這是個非常普遍現象中所出現的特定例子。不過值得注意的是，即使在某類事物中，特定事件的發生也許相當不容易，但是該類事物中的**某個**事件的發生，則一點也不罕見。科學作家賈德納(Martin Gardner)以轉輪盤的故事指出這點。輪盤很可能停在二十六個字母中的任何一個。如果輪盤轉了一百次，並且每次的結果都記錄下來，任何**特定**三個字母（例如「cat」）出現的機率相當之小，但是**某**三個字母出現的機率就相當高了。

哥倫布(Columbus)在一四九二年發現美洲大陸，而與他同是義大利人的當代物理學家費米(Enrico Fermi)在一九四二年發現原子世界。約翰·甘迺迪(John Kennedy)在一九六〇年當選美國總統，任內遇刺身亡，他有個秘書叫林肯，而亞伯拉罕·林肯(Abraham Lincoln)在一八六〇年當選美國總統，也於任內遇刺身亡，他的秘書叫做甘迺迪。賈德納指出，這類巧合的發生機率就像九大行星——Mercury（水星），Venus（金星），Earth（地球），Mars（火星），Jupiter（木星），Saturn（土星），Uranus（天王星），Neptune（海王星），Pluto（冥王星）——依序排列，其開頭字母組成的縮寫字是 M V E M J S U N P，而十二月份依序排列，其開頭字母組成的縮寫字是 J F M A M J J A S O N D [13]。在上述的情況中，我們有一個不可能發生的事件類型（幾乎不可能指出它們），卻相當可能有某個實例 (some instance)。這種情況和演化有點相像，也就是說，若

要尋找以特別方式演化的特別分支(branch)型態，實現的機率微乎其微，但若是要在演化中找出某種分支，就可以有不只一種相同型態的成員，這樣的機率就一點也不小。

◙

　　一枚硬幣投兩次至少出現一次人頭的機率(probability)是 0.75。明天下雨的機會(chance)是百分之七十五。我認為喬治和瑪莎結婚的可能性(odds)是 3 比 1。「機率＝0.75」在上述三個例子中的意思一樣嗎？之前討論到不太可能的巧合，我把這討論總結成一句格言：「不可能的事永遠不會發生——這是非常不可能的」。句中兩個「不可能」的用法是否相同？

5 杜恩，龐卡黑，和 波可諾斯－卡茨基爾減肥餐
Duhem, Poincaré, and the Poconos-Catskill Diet

　　若「假設」H蘊涵「事件」I，或使I極可能發生，當事件I發生了，H的可靠性就增強了一些；反之，若事件I沒有發生，H的可靠性就減弱了一些，甚至連整個H都可能被駁斥掉。不過這種正統的科學推論法則有時卻派不上用場，即使整個實驗環境都配合得宜。像烏鴉和檢證悖論就證明I的出現（例如觀察到粉紅色的火鶴）並不一定能增強H（即「所有的烏鴉都是黑的」）的可靠性。另一方面，法國哲學家杜恩(Pierre Duhem)⑭指出，I沒有出現也不必然駁斥H或減弱H的可靠性。

　　為了了解杜恩的論點，我們用波可諾斯－卡茨基爾減肥餐(Poconos-Catskill diet)為例說明。波可諾斯是從賓夕法尼亞州來的希臘醫生，卡茨基爾是從紐約州來的愛爾蘭醫生，他們研發出一種減肥藥方，宣稱依指示進食，保證一個禮拜至少可以瘦下六磅。藥方內容如下：每餐兩份乳酪肉醬麵（一種有肉、乳酪和麵條的混合餐點），三份果仁蜜餅，四瓶啤酒。喬治和瑪莎這樣吃了一個禮拜，結果卻胖了九磅。波可諾斯醫生和卡茨基爾醫生有必要因為I（至少瘦下六磅）沒有出現而撤回他們的假設H（波可諾斯－卡茨基爾餐是有效的減肥餐）嗎？當然沒有必要，他們可以保有H，而將結果I沒有出現歸咎於其他一大群隱含的輔

助假設(auxiliary hypotheses)，例如怪喬治和瑪莎在乳酪肉醬麵裡面加了太多鹽巴，或鹽巴加得不夠多，或指責他們倆這星期每天睡十四個鐘頭，時間太長了，或每餐之間沒有適當的間隔。

因此，僅僅是I沒有出現本身並無法駁斥掉H，因為總找得到代罪羔羊──將I沒有出現歸咎於輔助假設。也就是說，真正接受測試的並不是「H蘊涵I」這樣簡略形式的科學說明，而是「H和H₁和H₂和H₃和……蘊涵I」，其中省略的部分可以是無數多的輔助假設。所以I沒有出現僅僅指出H或（至少）有一個輔助假設必定為假，並沒有指出為假的一定是H。

杜恩主張經驗結果無法迫使我們放棄個別述句，但是蒯因(Willard Van Orman Quine)甚至走得更遠，他認為整個科學像是一個語句、程序和公式體系的整合網絡，僅僅在它的邊緣和實在界接觸。實在界對信念網的任何衝擊都會波及整個網絡，沒有任何部分（即使是邏輯）可以完全避開衝擊，也沒有任何部分必須獨自承擔所有衝擊。為了收納經驗結果，我們可以對信念網中的任何部分進行調整，但並沒有單一的方式來進行調整。我們只能說，簡單性、效率性和保守性都是作為一個好網絡（好科學）的判準。根據杜恩─蒯因的論點，我們可以接受（像相信廣告那樣地去接受）波可諾斯與卡茨基爾的減肥藥方，承認它是一套有效的減肥計畫，不過，此時我們必須做的是對信念網的其他部分做出相當程度的變更。

在物理學中情況也是這樣，一個人如果想要讓某些奇

怪的述句爲眞，不論他的動機是什麼，他可以完全且適切
地改變其他述句，或改變某些物理詞彙的意義，藉此達到
他的目的。這牽涉到一個科學哲學中的傳統問題，就是要
在哪裡劃下經驗物理學與先驗幾何學的界線。若某人堅持
幾何必須是歐幾里德式的，那麼他的物理學（例如在某種
天文學脈絡中）就會變得相當奇怪，因爲其中產生傳統理
論標準下無意義的「力」與「加速度」。另一個選擇就是
改採能使物理學變得較簡單的非歐幾何學，只是剛開始時
人們會覺得與直覺不符。決定使用哪套幾何學和物理學的
配對組合，端視某人想達到什麼目的，而且在某種程度上
乃是件約定之事，龐卡黑首度指出這點（一九一三）。

　　當然不只是物理學，任何複雜的現象，特別是對於人
際互動現象的理解，都容許各種不同和不相容的詮釋，而
每一種詮釋都可以與實在一致。不同「理論」的結合就像
夫妻的結合，都是無從比擬的，就像下面這則取自法茲
(Masud Farzan)的著作，《笑的另一種方式》(*Another Way
of Laughter*)中的伊斯蘭教蘇菲教派(Sufi)的故事：

> 一名羅馬學者到帖木兒(Timur)的宮廷參觀。皇帝
> 要穆拉(Mulla)⑮稍做整理，準備與羅馬學者來場
> 機智競賽。
> 穆拉把一些書放在驢背上，這些書的書名看似虛
> 無縹緲，但卻令人印象深刻，例如《共通分歧理

論》(*The Theory of Universal Bifurcants*)、《腐敗與文明》(*Erosion and Civilization*)、《寬容清廉之批判》(*A Critique of Tolerant Purity*)以及《心靈復原的社會起源》(*Social Origins of Mental De - activation*)等等。

到了比賽那一天，穆拉帶著他的驢子和書到宮廷。羅馬學者看到穆拉充滿著一股渾然天成的才智，氣勢頓時大挫，他暗忖以自己擅長的抽象理論與穆拉一較長短。皇帝下令，比賽開始！只見羅馬學者緩緩地舉起一根手指頭。

穆拉隨即舉起兩根手指頭。

羅馬學者看了，舉起三根手指頭。

穆拉再以四根手指頭回應。

羅馬學者接著舉起手掌面向穆拉，穆拉則以緊握的拳頭回應。

緊接著羅馬學者打開包袱拿出一顆雞蛋。穆拉則從口袋裡拿出一顆洋蔥。

此時羅馬學者說話了：「你根據什麼？」

穆拉以《共通分歧理論》、《腐敗與文明》等等書名回答羅馬學者。

羅馬學者說他從沒看過這些書，穆拉說：「你當然沒看過！當我說的越多，你就知道你不懂的越多。」

羅馬學者看了看，最後嘆口氣認輸。由於皇宮中沒人看懂他倆究竟比手劃腳些什麼，稍作休息

後，皇帝屈身到羅馬學者身邊，問剛剛他們到底
在比什麼。

羅馬學者說：「貴國的穆拉真是高明！開始的時
候，我舉起一根手指頭，表示世上只有一個上
帝，他舉起兩根手指頭，表示上帝創造了天和
地。我舉起三根手指頭，表示人類『出生─過
活─死亡』的生命週期，貴國的穆拉則以四根手
指頭表示地、水、火、風四種構成身體的要
素。」

「那麼雞蛋和洋蔥又代表什麼意思呢？」皇帝好
奇地問。

「我拿出雞蛋，以雞蛋的蛋黃象徵地球，蛋白象
徵圍繞地球外的天體，貴國穆拉拿出洋蔥，以洋
蔥的層層表皮表示天外有天。我問他怎麼證明天
外天的數目與洋蔥的表皮數目一樣，他列舉出的
書目都是很有學問的，而且……都是我沒看過
的。貴國的穆拉真是博學多聞。」羅馬學者說完
後，垂頭喪氣地離去。

皇帝接著召來穆拉，問他辯論的情形如何。穆拉
說：「啟稟陛下，這場比賽並不難。對方舉起一
根手指頭輕蔑我，我舉起兩根手指頭，表示要挖
他雙眼。他舉起三根手指頭，表示要踢我三下，
我就舉起四根手指頭，表示要踹他四下。後來他
舉起手掌，表示要摑我耳光，我當然不甘示弱，
舉起拳頭表示要狠狠地揍他一頓。當他看到我這

麼生氣，態度開始軟化，而且還很客氣地拿出一
顆雞蛋要請我，我就用一顆洋蔥作為回禮。」

　　不論誰才是「對的」，穆拉和羅馬學者之所以會那樣
想，其實都與他們承襲的傳統與習俗有關。就像約定論所
主張的，科學定律並沒有客觀證據，它們在相當程度上只
是約定俗成的結果。人們對同一自然現象有著各種不同的
描述，但是為了某種理由，人們決定採取其中一種描述，
這個藉由彼此同意產生的決定，就是科學定律的真實面
貌。回到物理學來看，在某些情況中，詢問某一現象是否
先於另一現象發生，其意義與詢問紐約是否真的在芝加哥
右邊是一樣的。

　　卡林列出做某事的六個理由：1，b，III，four，E，
iv。卡林當然可以使用他自己發明的計數方式，因為我們
知道符號是透過約定而來的。不過儘管如此，「約定」得
好不好卻極為重要。例如我們可以想像一下，假如沒有一
組好的計數符號來說明像二次方程式這類基本的數學式，
那將會如何呢？

　　如果你覺得穆拉和羅馬學者的故事有點牽強附會，那
麼你也可以想像一下，當二十世紀的現代物理學家試著對
澳洲土著解釋夸克和黑洞的性質，或者微中子沒有質量的

理論，這會是什麼情形呢？

6 化約論、可誤論與投機主義
Reductionism, Fallibilism, and Opportunism

在科學哲學裡，除了約定論(conventionalism)之外，當然還有許多不同的「一論（一主義）」(-ism)，其中有些相當值得一提，例如最常被提到的就是投機主義(opportunism)，我們可以用下面這則著名的故事來說明：

> **瑪莎**：喬治，你在路燈下做什麼？
>
> **喬治**：我在找我的車鑰匙。
>
> **瑪莎**：你的鑰匙不是掉在樹林附近的草叢裡嗎？
>
> **喬治**：我知道，但是這裡的燈比較亮！

下則故事是羅斯登（一九六八）提出的，這個故事點出投機主義的特色，而且多少也反映出本書的架構與內容。

一位著名的拉比被一個慕名而來的學生問道：「為什麼你在解釋每個問題時，都能舉出一個恰到好處的寓言呢？」

拉比笑著說：「我就用寓言來回答你吧！」接著講了下面這則故事：

　　某日，沙皇軍中一名中尉軍官騎馬經過一處村
落，吃驚地看到穀倉外有數百個粉筆畫成的小圓
圈，每個小圓圈中都有個彈孔。中尉急忙勒馬，
叫住路過的鎮民詢問詳情。

　　鎮民瞧了一眼，輕描淡寫地說：「哦！那是雪柏
索做的，他是鞋匠的兒子，脾氣有點古怪。」

　　「我才不在乎他的脾氣怎樣，只要他是個神槍手
……」

　　「大人，您有所不知，」鎮民打斷中尉的話，
「雪柏索是射擊後，再拿粉筆畫圈圈的！」

　　故事說完後，拉比微笑地對學生說：「這就是我的方
法，我不是去找寓言來配合主題，而是找主題來配合我的
寓言。」

◎

　　行為主義(behaviorism)是社會科學的一種理論，主張
心理功能可以用公開觀察的行為予以定義。行為主義與統
計形式主義中缺乏深入研究的面向合起來，出版了一大堆
毫無價值的研究，這些研究幾乎都是由下列形式表達的：
如果性質 x（例如「幽默感」）被賦予操作性定義（定義
成「看漫畫書時的發笑次數」），而性質 y（例如「自足
感」）也被賦予操作性定義（定義成「自足感問卷調查表

中的肯定回答的次數」），那麼 x 與 y 之間交互作用的係
數是 0.621（至少對當天八點半在喬治教授心理學班級中接
受測驗的學生而言是這樣的）。

॒

　　無聊感的存在意味著行為主義是錯的；但探究這
錯誤產生的細節卻讓我無聊。

॒

　　行為主義是化約論(reductionism)的一種類型。對於任
何學說，如果它想把較複雜的現象化約到較不複雜的現
象，這就是某種形式的化約論。當然，在某些情況中，化
約是可能的，例如遺傳學(genetics)的大部分都可以化約到
份子生物學(molecular biology)，熱力學(thermodynamics)的
一部分可以化約到統計力學(statistic mechanics)。但是在某
些情況中，化約卻是不可能的，至少不是在任何自然的方
式上。

　　以時鐘和開罐器為例（請問前面九字語句是否在以前
印出來過？），時鐘是控制時間的機械，開罐器是開罐子
的機械。我們以純粹的物理詞彙描繪這些東西，或者是把
關於時鐘和開罐器的所有說法化約到物理學語言，這種作
法是沒有意義的（儘管理論上是可能的）。想像一下，哪
種物理描述可以包含所有以及只有日晷、老爺鐘、手錶、
數位鐘等等對象。任何如此純粹的物理描述將是一種特設
物理述句(ad hoc physical statements)混雜成散亂且沒有系統

的大雜燴，因此無法闡明時鐘或開罐器的目的或特徵。

　　如同以純粹的物理詞彙描述時鐘和開罐器是沒有意義的，儘管理論上是可能的，反過來看，將物理詞彙像「微中子」(neutrino)、「保護（帶）」(guard)和「共價鍵」(co-valent bond)取消掉，而以像「紅」、「冷」和「硬」等等沒有系統的混雜的日常語言來取代，同樣是理論上可能的，但卻是沒有意義。如果有人打算這樣做，那麼科學理論的預測力和組織力將會喪失。韓佩爾在一九六三年已明白展示如何使用克雷格定理(Craig's theorem)——數理邏輯中一個著名的結果——消除科學中的理論詞。儘管如此，人們還是因為某些理由，不曾把物理學化約成「常識理論」(theory of common sense)。

　　道金斯(Richard Dawkins)在他的書《自私的基因》(*The Selfish Gene*)中似乎論證，基因為了讓自己永續生存，會形塑人類行為以便保證它們自己的生存。從社會生物學的觀點來看，人類的行為和文化絕大部分是被基因為求自保的慾望所支配。這個化約論的觀點無疑地需要補充說明。例如為何相同基因庫(gene pool)在不同文化中產生了十分不同的行為模式。我們也可以把化約的層面推得更廣。也許有人會說，其實造成自私的原因並不是基因本身，而是基因之間特有的化學連結。我們的行為並非全由基因支配，而是被為求永續生存的基因化學聯結所支配。我這樣講很簡單，但是道金斯提出這論題時就是這樣簡單。

◎

x可以用y來說明。y沒有性質P。所以x沒有性質P。

草的綠，天空的藍，人臉上的肉色，通通可以用原子—頻率等等物質（的性質）來說明。但是原子本身沒有顏色。所以草不是綠的，天空不是藍的，人的臉不是肉色的。

類似的論證被用來顯示價值、倫理、理想，甚至意圖和信念，其實都是幻覺而已。

◎

有個故事說某個倫敦人花了一輩子的時間到處觀察，並將他觀察到的全部事情記載下來，寫成一系列的筆記。他囑咐兒子在他死後把這一系列的筆記轉贈給英國皇家協會，使協會裡的科學家得以運用這些記錄發展新的科學理論。

儘管有些人仍然以爲科學是以上述方式取得進展（想想看，例如行爲主義者的研究），但大多數人都明白，科學研究其實是以下列方式進行：首先，形成研究焦點或問題；其次，提出假設和假說；然後才有新的觀察結果。科學述句必須靠經驗證據支持（或至少是可支持的），另一方面，科學述句也必須能夠被證明爲假，也就是至少在原則上必須是可否證的(falsifiable)或可誤的(fallible)，如同英國哲學家波柏爵士(Sir Karl Popper)⑯一再強調的。

當一場墜機事故發生，人們就會開始議論紛紛，傳言
這種事總是一連三起。這個信念是完全無法否證的。就算
下次墜機事故是發生在兩個月後的秘魯，再隔次墜機事故
是架私人飛機墜落在阿肯色州的玉米田裡，人們仍可堅持
說他們早知道飛行器的機械故障，或更普通地說，「每個
人」都知道這回事。又例如討論「上帝想到什麼，什麼就
發生」這個問題時，人們也是用類似的方式回應。

波柏批評馬克思主義(Marxism)和弗洛依德主義(Freud-
ianism)像極了上述的墜機理論，這些理論都無法被否證，
因此也無法成為真正的科學。波柏想要論證：馬克思主義
預言「統治階級」必須承擔剝削行為所帶來的危機，不過
一旦危機沒有發生，馬克思主義者會說這是因為統治階級
制定了某些新增而卑鄙的政策使然。同樣的，自居正統的
心理學家預測精神官能症患者會有某種行為，一旦病人沒
有做出那些行為，甚至做出與預測相反的行為，心理學家
會歸因於「反應─塑造」。波柏雖沒有明說，但他的暗示
很明白：**弗洛依德是唬爛的**(Freud is a fraud)，**卡爾‧
馬克思比葛佬秋‧馬剋士來得沒有道理。**

進一步來看，波柏還反對歷史定論主義(historicism)。
歷史定論主義主張，歷史發展有其無法變更的「發展法
則」，這些發展法則支配著歷史進程，而且容許進行長期
的社會預測。一個支持波柏立場的論證指出，有些事是歷
史定論主義無法預測的，例如明顯且深深影響社會發展的

科學進展。好比說，一個人要如何預測笛卡兒對解析幾何
的發現（或者說發明，如果你喜歡的話），或者要如何預
測愛因斯坦對相對論的發現（發明）？想像一個十六世紀
（或十九世紀）的「未來學家」(futurologist)預測說將來會
出現解析幾何（或相對論）。如果這項預測可以提出任何
解析幾何或相對論在內容上的細節，那麼在某種意思上，
解析幾何或相對論就已經成型了；所以，這個未來學家的
「預測」根本不是預測。

　　波柏的可否證性觀點眾所皆知，相較之下，他對隨機
性概念的關注則不是那麼有名。我們將在下一節討論隨機
性概念。

7 | 隨機性和貝里任務
Randomness and the Berry Task

喬治：我老是忘記瓦多的電話號碼，你可以告訴我嗎？

瑪莎：讓我想想看。古德曼夫婦有 *2* 個小孩，法蘭基夫婦有 *3* 個小孩，巴索夫婦養了 *7* 隻狗（雖然有隻狗可能懷孕了），楊格夫婦有好幾個小孩，其中 *2* 個是先生前次結婚生的， *1* 個是太太前次結婚生的，另外 *3* 個是他們共同生的小孩，史滕夫婦總共養了 *9* 隻寵物。我知道了，瓦多的電話號碼是 237-2139。

喬治：謝了……幸好我還記得區域號碼。

(1) 001001001001001001001001001001001001001
……

(2) 101101010101101101010101101010101101011101010
……

(3) 100010110110110001010110010111101001011110 10
……

為什麼上述0和1構成的序列，第一個序列會被稱作有

秩序的或有模式可言的，最後一個序列會被稱作任意的或無模式可言的，而第二個序列大致上是介於兩者之間？為了回答這個簡單的問題，我們要先談談一個科學哲學中的重要洞見——「隨機性」(randomness)的定義，以及哥德爾不完備性定理的另一種證法。

回到問題來看。第一個序列具有某種模式，而且可以輕易表述如下：兩個0，接著一個1，依此無限重複下去。第三個序列沒有上述那樣的模式。第二個序列似乎也有某種模式：0的後面總是一個1或兩個1交互出現，不過究竟是一個1或兩個1出現，這似乎又沒有什麼模式可言。

美國電腦科學家夏汀(Gregory Chaitin)和俄羅斯數學家科摩古洛夫(A. N. Kolmogorov)留意到這類例子，他們想用電腦程式的長度定義0／1序列的**複雜性**(complexity)：生成某序列的**最短**的電腦程式之長度即是該序列的複雜性。為了表達上的一致性，我們假定用來表示電腦程式的語言也是以0／1序列編碼，使得電腦程式可以被視為0與1構成的序列。因此程式的長度就是0與1的數目。如果某個程式是能產生某個序列的最短程式，那麼這個序列的複雜性就是這個程式在位元上（0或1）的長度。

產生上述第一個序列的程式，翻譯成機器語言只須寫成：兩個0，接著一個1，如此重複 x 次。相較於第一個序列的原本長度（假設有十兆個位元），改寫成程式後的長度變得相當簡短。因此第一個序列雖然很長，但其複雜性只有，比如說，一百萬個位元而已。

產生第二個序列的程式可以翻譯如下：0後面是一個1

或兩個1交互出現，1出現的模式是一個—兩個——一個——一個—兩個—兩個—兩個——一個——一個—兩個——一個——一個——一個—兩個——一個—兩個——一個——一個……假如第二個序列非常地長，例如也是十兆個位元，且1出現一次或兩次的模式持續著，那麼為了完整寫出1的出現模式，產生第二個序列的程式不用說一定也是十分長的。不過這個由0／1序列構成的電腦程式，還是比它所定義的十兆位元序列要來得短。第二個序列的複雜性因此可能只有，比如說，五兆個位元而已。

第三個序列的情況就不同了。假設第三個序列有十兆個位元長，但它卻失序到令人找不到任何比它短的程式來翻譯它，因為在這個情況下，程式所能做的只是列出序列中的位元，而這樣的程式就不可能比原本的序列來得短。這個以位元撰寫的程式，其長度至少與其想翻譯的序列一樣長，其複雜性因此至少也是十兆個位元。這種序列就是「隨機的」序列。

更形式化地說，我們把一個序列定義成**隨機的**，如果這個序列的複雜性與它的長度（粗略地說）相等；也就是說，一個序列是隨機的，如果能產生此一序列的最短程式有著（粗略地說）與序列本身相同的長度。因此如果一個序列的複雜性比它的長度來得短，這個序列就不是隨機的。在這個解釋下，序列(3)是隨機的，而序列(1)和序列(2)就不是。根據上述的各種定義，我們得到兩個重要的結果：(a)兩個不同長度的序列，如果它們都是隨機的，那麼長度較長的那個序列是比較複雜的；(b)對任何一個整數x，

絕大多數具 x 長度的位元序列是隨機的；對任一長度而
言，只有相對少的序列是低複雜性的序列。

要麼理解，要麼準確：但不可能兩者兼備。
　　　　　　　　　　　　　——伯特蘭・羅素

　　長久之來，人們試圖把這些形式的複雜性和隨機性概
念應用到更廣的層面。例如索羅摩諾夫(A. Solomonoff)提
出理論說，一個科學家的觀察可以被編碼成0和1的序列。
科學的目標因此變成去尋找能產生（導衍、預測）這些觀
察的簡短程式（演算法、訣竅）。如上所言，這樣的程式
就是科學理論，而且相較於它預測的現象，程式越短就越
有力量。隨機事件是不可預測的，除非在一個片段的意義
上，用一個列出隨機事件的電腦程式來預測。

　　當然，當人們把這些技術概念擴充運用到更普遍的脈
絡時，也遇到了一些嚴重的問題。例如，0／1序列最先是
從哪兒冒出來的呢？如何正確地把觀察編碼成位元序列？
或者如何正確地把預測位元序列解碼？它們與其他有意義
的範疇有著什麼關係？（記得曾經有一個棒球播報員，匆
忙地說：「棒球比賽的比數是：6比2，4比1，8比5，7比
3，5比0，等等，真正的打擊戰是14比12。」）把序列的獲
得方式與運用方式分開來是不可能的，而且把序列與發
現、解釋它的人類利益與價值分開來也是不可能的。如果

沒有科學與文化等背景的支持，序列也就沒有任何意義可
言了。

　　維根斯坦曾評論牛頓力學說：「牛頓力學能用來描述
世界，但並沒有告訴我們世界是什麼。不過牛頓力學的確
告訴了我們某些事情──牛頓力學能**以我們實際上使用它
的方式**來描述世界。」當科學理論被當成用來產生預測的
程式，我們同樣可以說：我們實際上使用它們的方式就**是**
它們的科學內容。有人把科學理論當成產生預測的程式，
化約論者很容易受到此種看法的簡單性和精密性所引誘，
因而很想宣稱說科學只不過是關於這種程式的研究罷了。
這點是我們必須加以反抗的。

◎

　　　人所追求的應超過他能掌握的，
　　　否則，天堂是幹什麼的。
　　　　　　──羅伯・伯朗寧(Robert Browning)

　　複雜性和隨機性的形式概念雖然會遇到上述限制，但
卻極富啓發性和實用性。夏汀運用它們以及修改後的貝里
悖論(Berry's Paradox)，用別種方式證明哥德爾的第一個不
完備性定理。由於這個證明爲著名的哥德爾定理(Gödel's
theorem)帶來些微不同的見解，以下就讓我們簡要地談談
這個證明。

　　貝里悖論首度由羅素在一九○八年公開發表，但一般

認為是貝里先生先想出的，這個悖論要求人們考慮這項任務：「找出一個最小整數，它被一個語句所指定，該語句需要的字數比本句還多。」（簡稱為「貝里語句」）這類例子包括我頭上的頭髮數，魔術方塊轉出不同形式的數目，光每十年跑的厘米數，每個都指定某個特定的整數，但使用的字數都比貝里語句所用的字數少。這項工作的悖論性就十分明顯了：一旦我們了解貝里語句指定某個特定的整數，依據定義，它就包含太少的字。

這個悖論可以修改（解毒）成一個形式系統裡的述句，這個述句無法被證明，其否定也無法被證明。設想一個算術的形式公理系統，這個系統以形式語言表述，並包含加號、乘號等等符號。這個系統——包含句式(formulas)、算術公理、推論規則——可以被編碼成0和1的序列，我們把它叫做二元程式P，其位元長度是L(P)。我們可以把程式P輸入電腦執行，經過一段時間後，電腦從P產生定理（當然也是以位元編碼）。稍微不同的是，我們可以把程式P產生的位元序列解釋成算術裡的述句之翻譯，而這些述句已由形式系統證明。

現在我們要問，此系統是否完備？也就是說我們要問，對每一個算術述句 A，是否 A 或其否定～A 一定是定理？（或者說，與 A 或～A 相應的位元序列最後是否可由電腦產生？）

為了說明答案是「否定的」，我們把貝里語句做了一個關鍵性的改變：我們把後設層面的用語「需要」換成以0和1表示的對象層面用語「可被證明需要」（我們假定原

本的形式系統包含了足夠的算術，藉由某種涉及0和1的合理編碼，允許我們在系統裡來「談」像可證明性、複雜性等等概念）。

回想一下，位元序列的複雜性是能導出此序列的程式的長度，我們發現即使是改變後的貝里任務也是不可能完成的（儘管其中不包含悖論）：「去尋找——也就是說，去產生——一個位元序列其複雜性可被證明說比這個程式的位元數目來得大」（這裡也一樣，假定在原本的形式系統中包含了足夠的算術，經由某種編碼，允許「在這個程式」中自我指涉），這程式無法產生出它所要求的那種序列，因為根據複雜性的定義，算術程式P產生的任何序列必須不比它自己複雜。

如果任何產生序列的程式其長度與序列本身一樣長（至少一樣長），那麼這個序列就是隨機的，因此我們可以進一步說，只有在序列不比將序列編碼的序列複雜的情況下，形式系統才能產生隨機序列。也就是說，算術系統P能產生的隨機系列必然比P要較不複雜。

因此，最後我們得到一個哥德爾承諾給我們的未判定述句。令 g 是一隨機的位元序列，其複雜性比編碼成位元的P來得大。這總是可能的，因為對任何整數 x，大部分具 x 長度的序列是隨機的。一個編碼成適當位元的述句G：「g是隨機的」，它無法由系統P證明（我們說過，「隨機性」是以「複雜性」來定義，而複雜性又以程式的長度定義，而這些統統可以譯成算術語言，然後編碼成位元序列。因此「g是隨機的」這個述句可以被譯成位元序列）。

P既無法產生「g是隨機的」譯成的位元序列,理由上面已經說過了;這個序列太複雜了。P也無法產生「g是隨機的」的否定;因爲 g 是隨機的,由於P的公理是眞的,其推論規則是眞值保存的,只有眞的述句能被證明。因此G既無法被證明,也無法被反證。

因此,哥德爾定理可以被解釋成任何形式算術系統在複雜化時所受到的限制,這不只是機械程式的局限,也是人類心智的局限。但從這個角度來解釋哥德爾定理,並不是企圖盡一切可能地在原則上削弱人工智慧想達成的目標,因爲機械無法「從自身走出」到後設層面。根據較標準的哥德爾定理證明,後面這個對於心靈一如同一機械(mind-as-machine)的駁斥的合理性也變得淺薄。最後,夏汀的證明表示出,數學的進步有時與其他科學的進步並沒什麼不同。人們不去尋找新的事實,而是去尋找新的、眞的、獨立的公理,其加入會使相關的形式系統(或它們的位元翻譯)更爲複雜。

8 | 決定論和聰明的電腦
Determinism and Smart Computers

　　儘管可否證性(falsifiability)和可檢證性(verifiability)
〔以下簡稱可測試性(testability)〕是重要的性質，不過若
以太過嚴格的方式解釋這些詞彙，或過於輕率地以這些性
質駁斥那些無法測試的宣稱（在任何解釋下），這都是不
智的作法。例如形上學的宣稱是無法測試的，是否因此就
要被駁斥掉？但是就像衛斯曼(Friedrich Waissman)在反擊
某些狂熱的邏輯實證論者說的：「相信形上學是無意義的
本身就是無意義的。」⑰

　　決定論(determinism)和非決定論(indeterminism)這類形
上學學說無論如何補強都明顯地無法測試。**無論**「決定」
意指為何，一個人要如何測試「所有事件都是被決定的」
或「至少有件事是不被決定的」？然而我們**可以**形構某種
更強、更精確的論題，然後加以反駁。舉例來說，可證明
決定論(provable determinism)主張，每一個以適當的科學語
言表達的問題，都可以根據數學和物理定律，以一種或另
種方式而被判定。但這點至少已被哥德爾定理否決了，因
為不完備性甚至對包含算術的形式化物理理論都有效。可
證明決定論雖然是錯的，但純理論決定論者(doctrinaire de-
terminist)仍然可以主張所有問題的解答都是由「事態」
(states of affairs)「決定」，而不是像可證明決定論說的，
所有回答都是由物理定律和數學理論那裡獲得證明。

設想一台電腦，叫做「自號聰明，無所不知，IBM電腦 007 號」(IBM-Cyber-007-know-it-all-smarty-pants)，我們（以適當的語言）為它輸入現今最完備的科學知識、一切粒子的最初條件，以及精密的數學技術和公式。假設這台「無所不知」的電腦只回答是非題，其輸出裝置是一顆電燈泡：回答「是」時電燈泡不會亮，回答「不是」時電燈泡會亮。如果人們問這台電腦關於外界的任何問題，我們假定電腦都能毫無瑕疵地給出答案。然而要是有人問它，它的電燈泡一小時後是否還會亮，這台無所不知的電腦卻卡住了，它無法回答「是」或「不是」。這個問題是「未決定的」(undetermined)──至少對這台電腦而言是如此──因為它無法根據其程式中的定律和公理決定回答是或不是（雖然一台旁觀的電腦也許能回答這問題）。

　　有個現象與那台「無所不知」的電腦頗有關係：在預測某人決定什麼時，保持「資訊」的神秘，不讓那個人知道通常是非常重要的。我們特別把「資訊」兩個字括弧起來，是為了指出這類特別形式的資訊如果讓那個人知道就失去它的價值並變成陳舊的；因為它會改變那個人的決定。資訊也許是正確真實的，但不是普遍的。旁觀者和決定者（想想看「無所不知」那台電腦）的觀點是互補的。就像麥克基(D. M. MacKay)說的：「對我們來說，我們的

選擇在我們決定之前都是邏輯上未確定的。就我們的行爲而言，選擇這件事並不是去觀察或預測，而是去做。」

　　這點令人聯想到在量子力學——非決定論和主客互動(subject-object interaction)在其中扮演了關鍵性的角色——中也談到這種觀點互補的現象。科學家也許知道粒子的位置，但是知道粒子的正確位置就無法知道粒子的動量(momentum)，兩種知識互不相容，就像海森堡測不準原理(Heisenberg uncertainty principle)指出的，測量其中一者的過程必定會影響測量另一者的過程。

　　　　　　　　回

　　人們使用統計法則已有相當長的一段時間，它或許反映出我們對事物的無知，也或許反映了事物的本質。用哲學的話說，統計法則或是反映了知識論條件（我們對事物〔例如粒子〕所知不多），或是反映了形上學條件（事物〔例如粒子〕的本質就是這樣）。只要微物理現象(microphysical phenomena)持續存在，量子力學就會指向後一結論：不是我們無法認識事物的眞實樣態，而是事物本身的性質就是那樣。原子與次原子的發生，有著一個基本且無法化約的可能性；有些現象僅僅是隨機的。微物理現象的非確定論是否以某種方式「滲透」到結構複雜的人類（或非人類）大腦中，導致人類（或非人類）有自由意志可言，這仍是個開放的問題。

　　無論如何，正如冗長的隨機位元序列的數理存在(mathematical existence)，被用來建立哥德爾定理（在上節

中），並因此指出可證明決定論的錯誤，隨機次原子現象的物理存在(physical existence)也證明了決定論是站不住腳的。

　　有些人不願意接受這個結果並加以反駁，像愛因斯坦就說「上帝不擲骰子」，他認為一定有某些「隱變數」(hidden variables)是我們目前不知道的，一旦知道就可以進行完全決定性的預測。不過從自我蘊涵的問題和觀察，以及量子力學上的事實可以證明，愛因斯坦的說法在邏輯上和物理上都是不可能的。要說明這事實有多麼不尋常，就必須靠貝爾(J. S. Bell)不等式來澄清。

9 貝爾不等式和不可思議⑱
Bell's Inequality and Weirdness

> 愛麗絲說：「如果他們當中有任何人能說明它，
> 我就給他六便士。我不相信它有任何意義。」
> 國王說：「如果它沒有意義，這省掉了很大的麻
> 煩。你知道的，因為這樣我們就不必費心地去找
> 解釋。」

　　我希望在這節中證明量子力學最不成問題的面向就是
它的機率本質。比較嚴重的問題是這個本質幾乎是沒有意
義的這個事實——幾乎是沒有意義！想像有台儀器，它有
三個不相連接的部件，如圖1和圖2所示。在圖1中，位於中
間的發射器C有個按鈕，按下後會射出粒子各自到偵測器
A和B。A和B上的號碼盤可以在按按鈕前設定，或者在按
鈕後粒子尚在往A、B前進的途中設定（A和C之間的距離
沒有必要與B和C之間的距離相等，而且即使有粒子到達
A，只要另一顆粒子還沒到達B，B上的號碼盤仍可進行設
定）。當粒子到達A或B，A、B上的燈就會閃爍。無論A和
B上的號碼盤怎麼設定燈都會閃（可能是閃紅燈，也可能
是閃綠燈），儘管閃紅燈或閃綠燈也許是根據號碼盤上的
設定決定。最後，兩個號碼盤是各自獨立地進行設定。
　　粒子的性質，儀器的結構，事實上所有技術上的細節

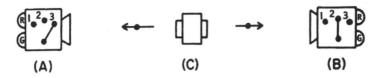

圖1：整個儀器圖。
　　A和B是偵測器，C是射出粒子的發射器。

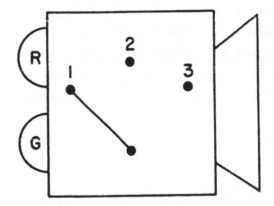

圖2：偵測器放大圖。粒子從右側進入，左側分別是紅燈(R)
　　和綠燈(G)，轉換器設定在1。

都沒什麼重要。重要的是這樣儀器的部件A、B和C之間是
完全沒有連接的。當我們按下按鈕，粒子就會射出，A和
B的燈亮情形也被記錄下來。如果這樣重複實驗很多次，
我們就可以看出燈亮情形具有某種模式。我們用一種簡單
的標記法來標示任一個別實驗片段的結果（我的用法是根
據墨明[N. David Mermin, 1981]而來的）：例如21RG，指
A的號碼盤設定是2並且閃紅燈R，B的號碼盤設定是1並且

閃綠燈G。重複實驗的記錄結果看起來會是這樣的：
32RG，21GR，33RR，22RR，13RG，32GR，23GG，
12RG，12GG，11GG，21GR，22GG……

> （這裡有個類比可能會有所幫助。想像有兩個住
> 在不同城市──例如阿布奎基〔Albuquerque〕
> 和布法羅〔Buffalo〕⑲──的心理學家A和B。他
> 們要芝加哥的已婚夫婦各自前往那兩個城市，也
> 就是一個到阿布奎基市，另一個到布法羅市，目
> 的只是為了回答三個 Yes 或 No 問題中的其中一
> 個問題。在檢測過多對夫妻後，心理學家的記錄
> 結果看起來會是這樣的：31YY，21YN，
> 22NN，13NY，11NN，21YY，21NY，33YY，
> 21NY……

如同標示粒子實驗結果的標記法，21YN 可以是指，
在阿布奎基市的心理學家問了問題2並得到 Yes 的回答，
在布法羅市的心理學家問了問題1並得到 No 的回答。）

在檢查這個記錄時，我們會發現幾件事：(a)當A和B的
號碼盤設定相同（即11，22，33），兩個偵測器顯示的燈
號**總是**相同，也就是兩者都閃紅燈或都閃綠燈。(b)在上述
設定下，閃紅燈對（RR）還是閃綠燈對（GG）是隨機的，
但兩者出現的頻率相同。(c)當A和B的號碼盤設定不同（即
12，13，21，23，31，32），我們發現偵測器閃相同燈號
的時間只佔四分之一。(d)號碼盤的設定不同，偵測器閃不

同燈號的時間佔了四分之三，閃什麼顏色（RG或GR）是隨機的，但兩者出現的頻率相同。

重要的是記住(c)這項觀察結果。當A和B上的號碼盤設定不同（12，13，21，23，31，32），偵測器閃相同燈號的時間只有四分之一。我們可以用百萬次的實驗來確定這個比例。

如上所言，那又怎麼樣呢？好的，這似乎會迫使我們去接受一些奇怪的結論。我們推測(conjecture)是粒子的性質在決定偵測器閃什麼燈號。這似乎是解釋為何偵測器在相同設定下**總是**閃著相同燈號的唯一方式：偵測器A和B必須反應兩個粒子的某些（共享的）性質——像大小、速度、自旋(spin)等等，不管什麼都可以。

（如果——也許你會覺得不太可能——每當阿布奎基市或布法羅市的心理學家問相同題號的問題，每對以及所有的已婚夫婦總是以相同方式回答，也就是兩人都答 Yes 或兩人都答 No，我們似乎會因此很自然地下結論說，此處心理學家是在測量這些夫婦某些真實的性質。）

因此似乎有八種類型的粒子——RRR，RRG，RGR，GRR，GGR，GRG，RGG，GGG——而且當號碼盤設定相同，兩個偵測器閃相同燈號，顯示兩粒子的性質相同。因此如果由C射出 RRG 類型的粒子，而且如果兩個偵測器的號碼盤設定都是2，那麼A和B上的紅燈都會閃。如果兩

個偵測器的號碼盤設定都是3（記住是各自獨立地進行設定），那麼A和B上的綠燈都會閃。另一方面，如果A的號碼盤設定是1或2，而B的號碼盤設定是3，那麼A會閃紅燈而B會閃綠燈。同樣地，如果射出的是GGG粒子，兩個偵測器都會閃綠燈，不管它們的設定是什麼。

> （繼續剛剛已婚夫婦的類比。我們共有八種類型的夫婦：YYY，YYN，YNY，NYY，YNN，NYN，NNY，NNN。以YNY這個類型的夫婦為例。如果這對夫婦離開芝加哥各自前往阿布奎基市和布法羅市並且都被問到問題3，他們兩人都會回答Yes。如果只有前往阿布奎基市的人被問到問題3，而前往布法羅市的人被問到問題2，後者會回答No，而前者仍然回答Yes。同樣地，如果NYY這個類型的夫婦分別被問到問題1和問題2，他們將會分別回答No和Yes。）

儘管愛因斯坦不考慮號碼盤在不同設定下的情形，不過他從相似的情況中〔愛因斯坦─波多斯基─羅森的實驗 (Einstein-Podolsky-Rosen experiment)──簡稱 EPR〕結論說一定存在著「隱變數」(RRG，GRG 等等)，其決定了偵測器是閃紅燈還是閃綠燈，並解釋為何偵測器在相同設定下**總是**閃著相同的燈號。

到目前為止，整個討論似乎有點不適當且不值得追問（甚至不值得開始）──像是一個冗長雜亂的故事，沒有

任何好笑的地方。好的,精彩的地方來了。這裡我引述墨明的文章〈量子的奧秘〉(Quantum Mysteries for Every-one),他在文中寫道:「由儀器引起的神秘之處在於,當號碼盤的設定相同時,對完美連結的『說明』很明顯是必然的。因為這個說明和『當號碼盤設定不同時所發生的事』十分地不相容。」(一九八一)

考慮一下 GRG 這個類型的粒子。在六個可能的號碼盤設定外(12,21,13,31,23,32),只有13和31導致相同顏色的燈號閃爍(在這個情況是綠燈)。因此對 GRG 這個類型的粒子而言,A和B出現相同燈號的時間必須佔三分之一。同樣的,對 GRR,RGR,RRG,RGG 和 GGR 這些類型的粒子而言,偵測器A和B出現相同燈號的時間也必須佔三分之一。RRR 或 GGG 類型的粒子在號碼盤設定不同時必須總是出現相同的燈號。我們因此結論說,為何號碼盤設定相同時燈號總是相同的唯一合理解釋,蘊涵著號碼盤設定不同時偵測器出現相同燈號的時間必須佔三分之一 —— 如果是 RRR 或 GGG 類型的粒子則所佔的時間會更多。但是這在經驗中並不會發生:當號碼盤設定不同,偵測器出現相同燈號的時間只佔四分之一。

(這個對比也出現在已婚夫婦的例子中。考慮一下 YNY 這個類型的夫婦。在六個可能的不同問題設定下[12,21,13,31,23,32],只有13和31會得到相同的回答[這對夫妻都回答 Yes]。因此對 YNY 這個類型的夫婦而言,得到相同回答

時間必須佔三分之一。同樣的，對 YNN，
NYN，NNY，NYY 和 YYN 這些類型的夫婦而
言，在阿布奎基市和布法羅市的心理學家得到相
同回答的時間必須佔三分之一。由於還有某些
YYY 或 NNN 類型的夫婦，得到相同回答的時間
必須多於三分之一。）

奇怪得很，量子力學預測的比值是四分之一，與上述
「常識觀點」所測的比值（至少三分之一）相反，後者是
物理學家貝爾(J. S. Bell)在一九六四年於稍微不同的脈絡中
發展出來的估計（在已婚夫婦的例子中，給定一個相當不
可能的假設——當夫婦被問到相同問題時總是給予相同的
回答，當問題不同時，估計至少有三分之一的回答是一樣
的，我們已看到這點是正確的）。

實在論(realism)是常識的哲學觀點，它主張物體獨立
於感官知覺存在。只有在與觀念論(idealism)（例如十八世
紀的巴克萊⑳）——主張物體依存於心靈，物體的存在在
於其被知覺到——對照的情況下，實在論才被視為一種科
學哲學上的主張。大部分精力充沛的科學家和哲學家仍是
實在論者，但是微觀物理（以及巨觀物理）現象中所呈現
的量子效應卻給這種立場造成相當大的新壓力。

沒有一個容易明白的模型和機械可以解釋這些現象，
只有一些用來計算和預測機率的規則（例如上述討論中，

以 1/4 取代≥1/3)。如同墨明所寫的：「這台儀器以它運
作的方式運作⋯⋯這不是量子力學的哥本哈根解釋奇怪，
而是世界自己的問題。」因此物理學家若不是變成神秘主
義者，假定自然界有某種「全體性」(wholeness)性質（特
別是在測量粒子對的時候，或是在解釋那台部件A、B、C
沒有任何連接的儀器），不然就是變成固執的實證主義
者，躲到他們的規則和公式中，公開宣稱放棄所有可理解
性或具說明力的模型。

　　有些非物理學家（即使有物理學家，那也是少數幾
個）認爲上述實驗顯示著精神感應(telepathy)或即時溝通
(instantaneous communication)的存在。號稱是正統的量子
力學的哥本哈根解釋排除這種詮釋，不過實驗的結果倒是
可以這樣詮釋（不過即使是這樣，「精神感應」或「即時
溝通」並不會讓那些人感到十分舒坦；絕對沒有任何信息
可以藉由這個方式送達。原始的愛因斯基一波多斯基一羅
森的思想實驗就是我這種說法中一種較爲簡單的版本。因
此，用縮寫來表示就是：EPR 並不蘊涵 ESP。㉑）

　　我在第一章提到，如果你了解某些相關的哲學意涵，
你就看得懂這些笑話。若對量子力學沒有完全的了解，我
們就不會覺得上述或者其他量子力學謎題有什麼好笑（至
少不會開懷大笑）。不過，我相信將來我們會了解其中的
好笑之處——儘管和愛因斯坦的看法不同，但我認爲上
帝、自然或印度巨龜的確是在擲骰子的。

啊！這玩笑開得好不容易看穿，好神祕，猶如人臉上的鼻子㉒。

　　　　—— 威廉・莎士比亞(William Shakespeare)

　　　　　　　　　　　⊚

我們圍著圓圈起舞、猜測，但大奧祕卻坐在圓圈中間，而且知道我們想知道的一切。

　　　　—— 羅伯・弗斯特(Robert Frost)

「只要三十八個月，你就能賺**大錢**——把自己變成訓練有素的**量子力學家**！在你自己的家裡，用你多餘的時間，不必辭去你現在的工作，你就可以學會**量子力學**！我們的國家亟須訓練有素的**量子力學家**。

「你可以有專業的設備學習。你會收到一台專業用的粒子迴旋加速器，真正的原子，以及給你的原子反應爐使用的一年份A原料。這些全部只要美金六百七十五元。這是非常便宜的，只要你想想看，當你聽到你兒子這麼說時你會多驕傲：我的爸爸是**量子力學家**！」

　　　　—— 無名氏，雜誌打油詩

10 | **論假設**
On Assumptions

　　冒著大腦短路的風險，讓我們的思緒暫時回到二千五百年前。愛利亞的芝諾(Zeno)寫道，神行太保阿奇里斯永遠跑不贏行動遲緩的烏龜，因為當阿奇里斯跑到烏龜起跑的地方P_0時，烏龜已前進到了P_1，當阿奇里斯跑到P_1，烏龜又往前到P_2，當阿奇里斯趕到P_2時，烏龜又已經到了P_3，以此類推。阿奇里斯必須跨越無窮的間隔長度才能追趕上烏龜。幸好我們現在知道，無窮的間隔長度其總和可以是有限的（例如 $1/2 + 1/4 + 1/8 + 1/16 + 1/32 + \cdots = 1$）。隨著康托(Georg Cantor)提出的無限集合的定理，這才消解了芝諾悖論。

　　如果我們「了解」（而不只是「預測」）量子現象，那麼推測必定有種可相比擬的概念進展是十分合理的。如果認真地考慮「事物性」(thinghood)，古典物理學的預設就很可能被修改。什麼是事物呢？事物如何在時間流逝中持續存在呢？事物間的區隔是明顯的，還是模糊的？事物是獨立自存的，還是以某種方式彼此連結？結果是——我們對事物的了解不多。

　　美國哲學家普特南(Hilary Putnam)㉓寫道，就像非歐幾何學的發展使得愛因斯坦的相對論可以用較為簡單的方式表達，量子非古典邏輯的發展也使得量子理論對「事物」的深刻洞察得以用較簡單、較自然的方式表達。在這想法

下，像排中律就可能被修改（也可能不會）。

想像一個數列，它由無限多個0到10之間的數字組成，這些數字依序排成：7.1，$2^{33}/_{49}$，π，$9^{112}/_{219}$，$5\sqrt{2}$，$\sqrt[3]{19}$，2.86312，……e^2，$5^{11}/_{103}$，……現在，在第一個數字旁加入長度為 1/2 的間隔，在第二個數字旁加入長度為 1/4 的間隔，在第三個數字旁加入長度為 1/8 的間隔，在第四個數字旁加入長度為 1/16 的間隔，以此類推。間隔的總和是1/2＋1/4＋1/8＋1/16＋1/32＋……＝1；然而大多數人卻以為這些間隔涵蓋了0到10這條數線上所有的點。他們（或你）用了什麼假設，而那是康托所不用的呢？

喬治在時速二十英里的火車走道上跑步，如果他跑步的時速是十英里，那麼相對於地面，喬治一小時可移動三十英里。我們會很自然地假設速度是這樣增加的——但是特殊相對論說在大速度下並非如此。同樣的，我們會很自然地假設，對所有觀察者而言，任意兩個時空事件，其中一個在時空上一定先於另一個——但同樣的，這並非如此。

瓦多看到瑪莎和一隻大狗站在公車站牌邊，好奇

地走過去問瑪莎：「妳的狗會不會咬人？」

瑪莎說：「我的狗很乖，不會咬人。」

瓦多聽了後放心地伸手要逗那隻狗，說時遲，那時快，大狗跳了起來，把瓦多咬得遍體鱗傷。瓦多生氣地對著瑪莎大吼：「妳不是說妳的狗不會咬人！」

瑪莎一臉無辜的說：「哦！這隻又不是我的狗。」

◎

瓦多向醫生請教如何改善他和太太的關係，醫生建議他每晚散步十英里，慢慢地就不會那麼容易動怒，並約定一個月後電話複診。

一個月之後，瓦多打電話給醫生，醫生問他情況如何。瓦多說：「很好，我感覺好多了！但是我現在離我家有三百英里之遠呢！」

◎

上面故事的寓意很明顯。「假設」(suppositions)、「假定」(assumptions)、「預設」(presuppositions)，不管用什麼名稱，它們對科學活動或日常「生活」而言都是必要的。不過，它們也可能引起誤解甚至造成危險，如果那是未加思索形成的。不幸的是（或許也是一種幸運），「假定」、「假設」、「預設」通常**必須**是未經思索形成的。

回

　　理論一旦確立，就很難被換掉。就好像托勒密(Ptolemy)在本輪(epicycle)上加上本輪，爲的就是保存他的行星軌道理論。人們爲了美化和粉飾任何幾乎是沒有用的理論，經常寧可選擇異樣的理論而不是較爲簡單的理論。瓦茲拉維克博士(Dr. Paul Watzlawick, 1977)講了一個與巴維洛斯敎授(Professor A. Bavelas)的研究有關的故事：研究人員要A和B兩人以試誤法分辨健康與病態細胞的不同。在看過細胞的幻燈片後，他們只能回答「健康」或「病態」。研究人員告訴他們，只有在答對時信號燈才會亮。不過事實上只有在A答對時信號燈才會亮。坐在房間另一頭的B並不知道這件事（B所看的幻燈片，以及幻燈片的播放順序都與A相同），B的回答只有在A答對時才會被受理。不管B回答「健康」或「病態」都不會影響到他看到的信燈號。

　　看完幻燈片後，研究人員要A和B各自說明他們的「健康細胞理論」，A的理論是簡單的、具體的、易懂的。另一方面，B的觀念是複雜的、玄之又玄的、煞費苦心製作的。最令人驚訝的是，A竟對B「光彩奪目」的理論印象深刻，而且在隨後的測試中，A的作答情況比起第一次糟多了，想必是被B深奧的（托勒密式的）觀念所影響。

　　我們並不需要正式去研究，爲何在同樣的環境中，人們通常對其不懂的、無意義的符號印象深刻，而對其可理解的、簡單的觀察和推理就不這樣。人們寧可選擇毛茸茸的假設，而不願用奧坎剃刀(Occam's razor)㉔把它們剃乾

淨。

◙

　　數學家伊夫斯(Howard Eves, 1958)講了一個熱愛散步者的故事。這個喜歡散步的人遇到一個困擾（像之前那個每晚散步十英里的瓦多），就是他常常到傍晚時才驚覺到自己散步過頭，走到離住家有段距離的地方。因此他決定找一處山丘地，在附近買棟房子，這樣子他就可以每天散步而且不會走遠：當太陽出來時，他就背對陽光開始沿著山丘散步，到傍晚太陽下山時，他剛好繞完一圈，迎向落日回到家。這樣走了幾年，有一天他大吃一驚地發現，他上坡使力的那隻腳竟明顯變短了。因此他決定從另一個方向走個幾年，使兩腳恢復等長。每當有鄰居質疑他這個想法，他就會馬上拉起褲管說：「你看，我現在兩隻腳不是一樣長嗎？」

　　無須多言，大家都知道治療師（他們常說「她以前是多麼多麼沮喪，但現在已經治好了」）、財經預測員、通曉政治的權威人士（他們常說「剛剛有場多激烈多嚴重的反動，但現在逐漸穩定下來了」），還有眾所皆知的名流要人（或者像故事中的熱愛散步者），他們都是用相似的論證來支持自己的診斷和「療法」。

◙

　　「假設」形成人的思考架構，因而有時也會妨礙人看清某些「明顯的」現象，甚至還會使人們自以為看到某些

「不存在的」現象（所謂「明顯的」或「不存在的」在某種程度上取決於一個人採取什麼樣的理論假設）。

舉例來說，拉瓦謝(Lavoisier)㉕之前的化學家不會去觀察鏽蝕與氧化之間的關聯現象，這是因為燃素(phlogiston)的理論假設使得那時代的科學家不會去注意這些現象。哈維(Harvey)㉖之前的生物學家儘管找不到任何證據，不過他們仍然相信心臟的左右心房間有洞相通，這是因為他們相信那些理論才會導出這樣的結論。

科學家的舉止通常就像范杜豪茲(Van Dumholtz)在下則故事中的表現一樣，不過由於科學家關心的事物通常是內行人才懂，這也使得他們的行事作風相形下更加神秘。

> 范杜豪茲的實驗桌上有兩個大罐子，其中一個裝滿了跳蚤，另外一個則是空的。范杜豪茲從裝滿跳蚤的罐子裡小心地捉出一隻跳蚤，把牠放在空罐前，然後人退到桌子後，大叫一聲「跳！」，跳蚤應聲跳入空罐。范杜豪茲小心地依序將每隻跳蚤捉到桌上，說「跳！」，跳蚤就跳入原先準備好的空罐裡。
>
> 當范杜豪茲用這個方法把所有的跳蚤從原來的罐子移到另一個罐子後，他再從現在裝滿跳蚤的罐子裡捉出一隻跳蚤，小心地拔掉跳蚤的後腿，再把牠放在空罐前面，接著大叫「跳！」，但跳蚤卻一動也不動。范杜豪茲再從罐子裡捉出另一隻跳蚤，一樣地拔掉牠的後腿，接著大叫

「跳！」，但這隻跳蚤也是一動也不動。范杜豪
茲依序重複著相同的步驟，結果也是相同的。
最後，范杜豪茲沾沾自喜地在筆記本寫下：「當
跳蚤的後腿被拔掉，牠就聽不見聲音了。」

最後，目的論說明(teleological explanation)提及某種現
象的終極狀態或目的，為的是去說明那現象。在以往的年
代，目的論說明被用來反對像是達爾文的演化論（甚至到
現代也還是這樣）。例如伏爾泰式的諧擬詩文，像「兔子
有白尾巴，是為了讓牠更容易被捉到」，「鼻子有鼻樑，
是為了讓眼鏡有個好戴的地方」，這些都是眾所皆知的例
子。另一個比較少人知道的是海・馬剋士(Hy Marx)（他是
葛佬秋的叔公，著名的目的論生理學家）提出的論證。他
說胃腸脹氣是為了產生臭氣，還說氣味是為了幫助聾子。

相反的，有的目的論說明在使用上是合法的，特別是
如果這個說明（例如恆溫器是為了讓房屋內的溫度維持一
定）可以用非目的論詞彙重新表述，或者在比較複雜的情
況中以穩定系統的交互作用來說明。事實上康德曾說，認
可自然界的目的性——或他所說的目的論判斷(teleological
judgment)——與「常識」是有密切關聯的。

另一種合法形式的目的論說明將在下一章討論。

譯註：

①循環推理(circular reasoning)或乞求論點，指在推論過程中，將那些待證的論點當成是毫無疑問的前提使用。

②讀者若想進一步了解本節提到的四種方法，可參閱 Brian Skyrms, *Choice & Chance: An Introduction to Inductive Logic*, 3rd ed.(Belmont, Calif.: Wadsworth, 1986)，第二章及其建議讀物。

③康德哲學中，因果性是先驗的；但就原因與結果作為個別事件，它們必須透過經驗被發現。

④古德曼(Nelson Goodman, 1906-)，美國哲學家。

⑤匹克威克(Pickwick)是狄更斯(Charles Dickens, 1812-1870)的著作《匹克威克外傳》(*Pickwick Papers*)中的主人翁，善良樸實。「匹克威克式的」指有特殊意義的、意義不同一般的，引申為圈內人才懂的。

⑥似定律述句亦稱「似定律通則」(lawlike generalization)，此種述句具有全稱語句的形式，但不同於偶然通則。可參看第一節關於科學定律與偶然通則的區別。

⑦共民黨員指西元二○一○年前是共和黨員，或在西元二○一○年一月一日後是民主黨員；民共黨員指西元二○一○年前是民主黨員，或在西元二○一○年一月一日後是共和黨員。

⑧韓佩爾(Carl Hempel, 1905-)，科學哲學家。生於德國，一九三七年至美國定居。

⑨葛棣爾提出的問題引起知識論上相當多的討論，哲學上把這個問題叫做「葛棣爾問題」(Gettier Problem)。

⑩班傑明·迪斯雷里(Benjamin Disraeli, 1804-1881)，英國政治家，曾兩度擔任首相。

⑪貝比・魯斯(Babe Ruth, 1895-1948)，美國棒球明星，一度是世界全壘打王。

⑫預測專家忽略了懷胎十月的問題。

⑬九大行星字首縮寫中剛好出現「太陽」(Sun)，十二月份字首縮寫中剛好出現「傑森」(Jason)，希臘神話中的人物。

⑭杜恩(Pierre Duhem, 1861-1916)，法國物理學家、科學哲學家。

⑮伊斯蘭教國家對高僧、學者或教師的敬稱。

⑯波柏(Karl Raimund Popper, 1902-1994)，奧地利哲學家。出生並就學於維也納，二次大戰後至英國。一九四九至一九六九年擔任倫敦經濟學院的邏輯與科學方法講座教授。一九六五年受封爲爵士。

⑰衛斯曼(Friedrich Waissman, 1896-1959)，維也納學圈(Vienna Circle)的重要成員。衛斯曼的意思是說：邏輯實證論認爲形上學述句無法以經驗測試，所以是無意義的；但「形上學是無意義的」這個述句亦無法以經驗測試，所以也是無意義的。

⑱本節相當艱深，讀者可自行選擇閱讀。

⑲阿布奎基(Albuquerque)位於美國新墨西哥州中部。布法羅(Buffalo)位於美國紐約州西部，又稱水牛城。

⑳巴克萊(George Berkeley, 1685-1753)，英國經驗論者，主張「存在即是被知覺」(To be is to be perceived)，否認物質實體的存在。

㉑ESP 是 Extrasensory Perception（超感官知覺）的縮寫。

㉒參照梁實秋譯，《維洛那二紳士》(*The Two Gentlemen of Verona*)，台北：遠東，一九九九，頁四七。

㉓普特南(Hilary Putnam, 1926-)，美國哲學家。

㉔奧坎(William of Occam, 1285—1349 年)，英國神學家、哲學家。

「奧坎剃刀」可以是存有論原則，也可以是方法論原則，它通常被表示成：「除非必要，否則不要妄加實在。」(Entities are not to be multiplied beyond necessity.)

㉕拉瓦謝(Antoine Laurent Lavoisier, 1743-1794)，法國化學家，被譽為現代化學之父。一七八八年證明空氣是氧和氮的混合物，推翻燃素說(phlogiston theory)。

㉖哈維(William Harvey, 1578-1657)，英國醫生，發現血液循環。

人物
People

卡羅的露齒嘻笑貓(Cheshire Cat)提醒我們，
那決定未來之唯一最重要的因素是：

「請你告訴我，我應該朝哪個方向走呢？」
愛麗絲問道。

「這得要看你想要到哪兒去。」貓兒說。

1 脈絡、複雜性與人工智慧
Context, Complexity, and Artificial Intelligence

讀入：眼不見，心不明
輸出：瞎眼白癡

　　人工智慧(artificial intelligence)領域中的研究者們一直想設計一些翻譯程式，其能將文章從一種自然語言譯成另一種。然而，早先進行此事的人員大大低估了這項任務的複雜性。下面這個不知出自何處的故事，倒可稍加說明其所遭遇到的困難：早期有個俄—英、英—俄翻譯程式，它先把這個句子：「The spirit is willing, but the flesh is weak.（精神雖有意願，肉體卻軟弱無力。）」翻譯成俄文，之後再把這段俄文翻譯回英文。結果得到的是：「The vodka is agreeable, but the meat is too tender.（伏特加酒滿爽口的，但肉則太嫩了。）」①

　　只要一段文字中包含隱喻的成分（如上述故事），或者其須依賴脈絡或背景知識而定時，類似的問題就會出現。另外，若這項任務越形式化，亦即若如棋賽一樣有著必須嚴格遵守的規則，則其表現出來的結果一定會越加令人印象深刻。事實上，比起讓電腦（經由螢光幕）跟人類進行一場不設限的日常對話，讓它去決定太空載具的航行軌道相形之下簡直就太簡單了。要達成前者甚至是不可能

的。唯有當電腦所用的程式具備有充分的事實知識、記憶，及可自我修正性，以至於在進行對話表現得跟常人沒什麼兩樣，那麼它才會通過圖林(Alan Turing)的機器智慧測驗。

為了通過圖林測驗，不僅必須將多得嚇人的、非形式的日常知識加以形式化（如芥末不塗在香蕉或人的鞋子上、貓不是在樹上長大的、雨衣不是用雨做成的），而且對那些因脈絡而造成的意義差異也須未雨綢繆。舉個通俗的例子，若電腦不知道一個人摸其頭部之事是發生在什麼樣的脈絡下，會如何評估此事呢？它能意指無限多種可能性，端賴於變化無限多端的人類處境脈絡而定。即使是關於最可能脈絡的知識大都已被輸入程式中，在交談中常見的情況仍是如此：只有當一語詞出現在它當下的那段對話中時，才能得知其脈絡。下面這個故事就是很好的例子，而且它那對於脈絡的開放性與敏感性（即其當下性）還遍及四處呢！

　　有個年輕人在度假中打電話回家，對他兄弟說：
　　「貓兒奧斯卡還好嗎？」
　　「那隻貓死了，今天早上死的。」
　　「你真殘酷！你不知道我有多喜歡牠嗎？難道你就不能婉轉告訴我這個消息嗎？」
　　「那要怎麼說？」
　　「你可以說牠正在屋頂上。然後我下次打電話來時，你就說還未能把牠弄下來，最後你才像這次

這樣把事實説出來。」

「好啦，我知道了。對不起！」

「對了，媽媽還好嗎？」

「媽媽正在屋頂上。」

狗兒用腳爪把牠的城堡移到 KB4 的位置。喬治把他的皇后移到QB6，並宣布：「將軍！狗兒，你下那步真蠢。你除了有口臭外，還真的很笨。我玩了七場就打敗你五場。」

　　研究人工智慧的工作者們（那些人當中最少話人長短、最有幹勁的人，對其不爽的藝術史家們有時稱之爲「人造知識份子」）常常抱怨人們有種趣味的傾向想法：任何一種電腦所做不來的活動或任務——譬如將小說的段落從一種自然語言翻譯成另一種——就得靠「眞實的」智慧才行。相反的，若有個程式被寫出來，其能達成諸如下棋這類的任務，那麼就會有許多人駁斥說，這個任務根本不需要用到眞正的智慧。我認爲，這種「將那些能被程式掌握的形式化活動斥之爲沒有眞正用到智慧」的傾向，不應被視爲事後對智慧再給予定義，而應當作是對各種不同智慧予以再評估。

　　執行諸多不同的任務、使用諸多不同的程序、決定何時比彼時更合適、發現應用某方法的限制處、修改系統以

適應不同環境——所有這些活動都具有不同的困難度，而且相較於精確形式系統運作的下棋機器或精巧機器，其更需要一種高靈活度的整合智慧。為了讓這個「整合智慧」(integrative intelligence)在「將非形式處境之各互相分離且不一致的細節串連一起」之時，能夠發生作用，其多少必須要有某種性格——需求、興趣、自我感。

這樣的想法很誘人：未來身分地位高的職業，乃是那些重視自我調節統合的工作，而非任何形式化的專業技能。大體而言，一份工作越是有趣與重要，它的界線就越不清楚。家庭主婦與家庭主夫、雜工、幽默演員、哲學家、口才好的人、朋友，和愛人——所有這些在未來也許都會比現在還更加被人推崇。

著名電腦科學家馬文・明斯基(Marvin Minsky)曾寫道：「當某天有智慧的機器被建造出來時，我們理當會發現，它們就跟人一樣會困惑、執拗於有關心一物、意識、自由意志等等的信念。」這聽起來挺有意思的，不過我在這裡會用「倘若」一詞，而非「當某天」。

這些有智慧的「機器」除了關心哲學問題外，也許還會有幽默感。事實上，有個測試機械智慧的圖林測驗變體，就是要建構出一個能辨識笑話的程式。它這裡需要用到所有先前提及的整合智慧技巧，還要能察覺到細微的情緒差異。說到這點，即使是人類也罕見能夠全部具備這些技巧。

一對老夫婦在九十多歲時去找一位離婚律師。他
問道，「為什麼現在才離婚呢？你們兩個都已經
九十多歲了，結婚已超過七十年了，為什麼現在
還要離婚呢？」
他們回答：「我們希望等到孩子們都死了之後才
離婚。」

若你看了上一段後有偷笑的話，你腦袋裡就不太可能
有矽晶片（也許你鐵石心腸，但絕非矽腦）。

$$回$$

我們可以設想，隨著人工智慧的發展，族群笑話會被
機械人笑話所取代。

兩個機械獵熊人在打獵的途中看到一個標誌，上
面寫著「Bear Left（左側有熊）」②，於是他們
就回家去了。

機械藥劑師辭職不幹了。因為他不會使用打字機
來處理小處方籤。

$$回$$

電腦科學中有個重要的區分，即：電腦的硬體與軟

體。「硬體」指的是電腦的物理層面（如磁帶、磁碟、電晶體、晶片等等），相對的，「軟體」則是指在電腦上跑的程式，雖然這個區分不是那麼截然兩分的。程式決定了電腦做什麼、一組邏輯的或程式的狀態應當如何。相對於電腦這些邏輯的或程式的狀態，則是其硬體部分的物理狀態。

　　普特南曾提到，這種軟硬體區分所引發的邏輯與語言上的問題與議題，在某些重要的層面上類似起自於笛卡兒的那些傳統心物(mind-body)問題。心與腦（身體）之間的關係如何？它們如何影響對方？心與物是不可共量的，還是說它們乃相同現象的不同面向？普特南宣稱，這些問題的解答（或消解方式）在若干方面完全相同於下列類似的問題：程式與硬體之間的關係如何？它們如何影響對方？程式與硬體之特徵是否不可共量，或僅是相同現象的不同面向？

　　比較一下：

(1)我希望喬治在這場戲的這一刻號啕大哭，所以當他回到後台時，叫他想想悲傷的事，若他做不來的話，滴些洋蔥汁到他眼裡。
(2)我希望此時此刻在螢幕上顯現出那個奇怪的螺旋圖樣，所以要麼叫程式去把它執行出來，若你做不來的話，就拿塊磁鐵像這樣去摩擦連接的線路。

　　下一節討論的主題（內涵說明）也有對某些相關的問
題稍加說明。

2 | 爲什麼他剛剛摸他的頭？
Why Did He Just Now Touch His Head?

> 「現在有個問題：如果我把『我的手臂往上移
> 動』此件事從『我舉起我的手臂』中抽離出來，
> 還剩下些什麼呢？」

—— 維根斯坦

◎

馬托：你認為那邊那個人剛剛爲什麼摸他的頭
呢？

喬治：他是三壘邊的指導教練，正做個短打手勢
給打者。

瑪莎：今天風很大，他想確保他的假髮緊貼著不
被吹走。

瓦多：其乃一組複雜的神經元刺激與肌肉收縮，
由一組更加複雜的化學生理現象所引發，造成了
右上肢以如此這般的角度與速度移動到最高中心
末端的側面。

馬托：什麼？

喬治與瑪莎的說明跟瓦多所提出的有著某種根本上的
差異：他們是提出一個理由來說明爲什麼有此行爲，而不
是引用因果律(causal laws)。在爲此行爲提出理由時，喬治

與瑪莎依據可被社會接受的特定規則與規範,以及行為者的信念與意圖,來讓它合理化。這種說明模式被稱作內涵說明(intensional explanations),其預設了牽涉其中的行為者是有理性的。另一方面,瓦多的解說則是因果說明,即:如果這些一般的附加法則是有效的,而且如果這些條件成立,那麼就會導致那個結果。

請注意到,這兩種說明模式之間並沒有衝突。這兩種模式都可用來說明相同的行為(如戴安娜王妃的懷孕、水門案的錄音帶被消磁),雖然其中之一可能用在任何既定脈絡中都較為合適。

有趣的是,弗洛依德身為一位「硬」科學家,企圖在他「科學計畫」中調和因果的(神經生理學)說明及內涵(心理分析)說明。他寫道,他希望「發展出一門應屬於自然科學的心理學;意即,主張精神過程乃是由確定數量的特定物質粒子所構成的狀態,從而澄清這些過程,擺脫矛盾」(一九六六)。當然他失敗了,因為他的神經學知識有限,他的精神分析理論有瑕疵(此乃同情的說法),而且這種結合(即使是從理論層次來處理)不但在過去,就算現在也是超乎想像的複雜。

即使在純然物理層面的脈絡中,內涵說明有時也會是唯一可用的。例如,我們跟電腦下棋,就需要對它採取丹尼爾‧丹尼特(Daniel Dennett)所謂的「意向姿態」(intentional stance),而非物理姿態。我們用來預測(並說明)電腦棋步的方式是:我們自問,在假定了此程式的目的(獲勝)、它的限制處(下棋規則)、它所儲存的資訊(完全

記錄下所有曾有過的棋步），以及其到目前爲止所展現的
「性格」（比較喜歡用城堡、移動皇后等等）的情況下，
最合理的棋步是什麼？我們不會嘗試以檢查其電路、晶
片，及磁碟的方式來預測或解釋電腦的棋步，因爲這麼做
實在太困難，而且過度浪費時間。

行動(action)這個概念可用來澄清內涵說明與因果說明
之間的關係。行動是一種行爲(behavior)，而行爲者所秉持
的理由就是其原因。癲癇症患者無規律的動作不算是行
動；一個人因坐在一張不牢固、突然垮掉的椅子，而向後
傾倒的動作也不算行動；這些情況最適合用因果說明。另
一方面，爲了吸引天上飛機的注意而活蹦亂跳，和做兩個
後空翻，這些行爲雖然跟前面所提的行爲相似，但都算是
行動。從某人摸頭這個例子也應可清楚說明：一個行爲能
被看作是不特定的諸多不同行動，其端視當事人、其背
景、此行爲發生的當下脈絡，以及一般文化習俗而定。這
個人摸頭也許是因爲他相信：當他的鄰居們在討論當地一
椿（他所犯下的）闖空門案件時，這樣做可以讓他顯得從
容且事不關己。因果說明沒有這種多樣性，也不依脈絡而
定，而內涵說明則是如此。

雖然一個行動的理由是它的原因，但我們仍須記住，
它們只有在內涵說明的脈絡中才能被當作決定性的因素。
我們得先確定一個人在執行什麼行動、爲什麼它是合理
的，接著才把這個人的理由視爲此行動的原因。

我兒子跟女兒常常打架，有時候他會辯解說：
「我沒有打她。是我的手臂正在移動時，她的臉
剛好擋在那邊。」

◎

法國作家亨利・柏格森(Henri Bergson)認爲，「將某
個活生生的東西披上機械外衣」會引人發噱（一九一
一）。他這頗著名的說法之意是指：一個死板、機械似
的、反覆嘮叨的人會令人發笑，因爲人性的本質就是其
（相對而言的）靈活性與精神。「任何滑稽的事都會讓我
們注意到一個人的物理層面，而非其本當關切的道德層面
……每當有人給我們的印象有如物一般時，我們就會大
笑。」（一九一一）滑倒、跌倒、消化食物、抽筋──所
有這些都不是行動，皆不接受意向說明③，而且在適當的
脈絡下都很好笑。

哈姆雷特打嗝、總統打嗝，或強盜頭子踩到香蕉皮而
滑倒時，我們大笑。放在一更高層次上來看，當有人犯了
某種範疇錯誤(category mistake)時，哲學家們（就某程度而
言，大部分的人都是哲學家）大笑。哲學永不停歇地致力
於此工作：去看穿我們知性外披的「機械外殼」。

◎

喬治：用意向說明來談有點草率。我們何不就只
使用因果說明呢？

> **瑪莎**：你說的對。那麼我們現在就**決定**這麼做
> 吧！我們都**想**把事情說清楚，而因果說明似乎較
> 為清楚精確一些。

　　諸如這類笑話所指的是：瑪莎跟喬治在計畫只使用因
果說明時，卻提出了意向說明的理由。內涵概念早已深植
於我們的溝通架構之中。美國哲學家葛萊斯(H. P. Grice)曾
經將「S用 x 意指某物」(S's meaning something by x)分析
為「S意圖(intending)說出x來使聽者產生某效果，而此乃經
由聽者之認知到『S意圖產生此效果』而達成」（一九五
七）。就實用的角度而言，把意向說明與因果說明結合起
來是相當無用的。

　　內涵說明在邏輯上跟因果說明的重大差異處，就在於
無法使用外延性(extensionality)。也就是說，當用來指涉某
人或某事的某一措詞，被另一個指涉同一人或同一事物的
措詞所取代時，其會改變內涵陳述的真假值，以及內涵說
明的說服力。這點對因果陳述或說明而言則不成立。譬
如，再想一下喬治對於那人為何摸頭的說明（他是三壘邊
的教練，正做個短打手勢給打者）。假設那個三壘教練是
亨利・馬龍(Henry Malone)的堂兄，而那位打者是球場上唯
一的希臘人。若將這些措詞替換上去，則關於這人在摸頭
的「說明」就變成了：「他是馬龍的堂兄，正做個短打手
勢給那個希臘人。」我們甚至還能用「在太陽穴前劃一短

線」取代「做個短打手勢」，以指涉相同的動作，從而失去了整個說明力量(explanatory power)。在瓦多的因果說明中，用一個措詞來取代有相同指涉的措詞——譬如使用不同的協調系統，或對「右上肢」不同的描述——並不會影響到任何陳述的眞假值，或這個說明的說明力量。因此，在內涵說明（而非因果說明）中，怎麼去指涉人或事物，乃是一件重要的事。即使伊底帕斯(Oedipus)想娶優卡斯塔(Jocasta)，優卡斯塔爲其母親，伊底帕斯想必也不想娶他的母親④。

主體與客體的混淆或合併，一向會造成一些不確定的、懸而未決的問題。不妨回想一下那個聰明的電腦，其可利用裝置上去的燈泡之一開一關來表示「是—否」。主體—客體的合併會導致：此機器對於有關這個燈泡的問題都難以下決定。

通常，當某人在替一個場景製作模型，而他又是此場景的一部分時，他會把相關的這部分也放進模型裡。然而，對此場景的說明卻必然是不完全的，因爲這個觀察者主體的某一部分總是在進行觀察，而那一部分卻又是不能被自我觀察到的。當然，只有在我們想要給予某物「完全的」解釋或說明時，在我們變成一個過於貪心的科學家之時，這個邏輯上的問題才會是個「問題」。如果我們只不過是在跳舞、打架、做愛、打坐、採葡萄或挖鼻孔，那麼它是不成問題的。

　　一般而言，意向說明涉及到的是這類主體－客體混淆不清之事，因爲這時我們得具有足夠的同理心(empathy)，去理解另一個人的規則、價值與信念，而這個人的反應與行動也會因此而受影響。不妨可對照一下前述葛萊斯對於溝通的解釋。除了量子(quantum)現象的例子〔海森堡不確定原理〕之外，因果說明一般來講都沒有這種特性。例如，不論如何去計算或說明某一岩石的軌道，都不會對它產生任何的影響。

回

喬治：嗨，瑪莎！

瑪莎：喬治，怎麼了？你在生我的氣嗎？

喬治：沒有啊，怎麼會呢？

瑪莎：你有啦！你爲什麼生氣呢？

喬治：我就說我沒有生氣嘛！

瑪莎：你有！我可以從你的音調中聽出來。

喬治：瑪莎，我不想跟妳吵啦！

瑪莎：看吧！你對我充滿敵意。爲什麼呢？我做了什麼讓你如此生氣？

喬治將門猛然關上，昂首闊步離去。

回

　　《國家詢問報》(*National Inquirer*)，一份奇怪、卻充斥著有趣八卦新聞與假新聞的小報紙，常常刊登一些關於演藝圈名流X與Y爲什麼談戀愛的故事。我猜想，這些故事

隨後還會促成另一段有關名流X與Y何以分別牽扯到Z與W
的故事。即使是對人們「中立的、客觀的」觀察,通常也
會重大影響到他們的行為;譬如,對性行為頻率的調查就
會如此。不過,人們有時也會高估其行為對於他人所產生
的影響。下面這個昏頭統計學家的故事就是個例子:

> 哈瓦德・伊夫斯(Howard Eves, 1958)提到有個到
> 處旅行演講的統計學家。不過他害怕坐飛機,尤
> 其近來發生幾起飛機炸彈恐嚇案之後更加害怕。
> 他計算了炸彈被攜上飛機的或然率,發現其相當
> 微小,因而大為放心。接著,他又計算飛機上被
> 放置兩顆炸彈的或然率,發現其值為無限小。之
> 後,他每次旅行時就會在行李箱裡放一顆炸彈。

意向說明可由或然率來表示,其理由有以下幾點。首
先是剛剛討論到的主體─客體的模糊不清。說明(甚至是
觀察)常常會改變那被說明或被觀察之物,當然還包括觀
察者及其相關人。第二個理由則是關於說明的本質與層
級。為一行動提出貌似合理的、涵蓋範圍廣的理論根據,
並不就等於是為它提供一套充分的因果條件。對一個尚未
發生的可能行動(potential action)而言,一個(或許多的)
理論根據都不足以充分確保這個行動真的會發生。不管有
多少令人信服的理由,一個人(或其他智慧體)仍可決定

是否要去做某事。

　　我之前曾提過的粒子物理學的非決定論(indeterminism)，則可作為意向說明之或然性本質的第三個證據來源。量子非決定論想必也是經由心靈－大腦的複雜結構過濾，才在形上學層次上歸結出自由行動的可能性〔羅素曾推測：「在不違反物理法則的情況下，理智能夠讓未必會發生的事情發生，例如熟稔馬克斯威爾之魔(Maxwell's demon)的人就可藉由釋放出移動較快的粒子、保留移動緩慢的粒子，來讓熱力學第二定律失效。」⑤〕觀念形成的過程（略微無意識地）部分也是非決定論的，是經過現實及意識之考驗而留存下具可行性的觀念。這點尤其跟生物學上的自然淘汰十分相似。無論如何，既然對於那已被完全決定的下棋電腦之棋步的意向說明或預測（實際上來講）仍只是或然性的，所以實不必要再多加上第三個證據來源。

　　最後，我們不應以為，一個說明的價值是由其結論的或然率大小所決定的。恰如喬治向瓦多所指出的：

> **瓦多**：一個說明的價值就是它結論的或然率。
> **喬治**：那我正在做什麼？
> **瓦多**：看來你正在擲骰子。
> **喬治**：沒錯。我剛剛擲出了七點。為什麼呢？
> **瓦多**：運氣使然。你有六分之一的機率擲出七

點。就是這樣。

喬治：現在我擲出十二點。又為什麼？

瓦多：還是運氣。你有三十六分之一的機率擲出
十二點。

喬治：這些說明看起來都一樣，雖然其結論的或
然率不一樣。

對意向說明及因果說明而言，一結論之低或然率並不
一定就是個差勁的說明。例如，我們特殊的個人遺傳構造
就是個未必會發生的偶然事件：當初若是另一不同的精子
來跟同一個或不同的卵子結合，我們就不復存在了。雖然
如此，我們個人的遺傳構造仍舊得基於這特定的精卵結合
來予以說明，儘管未必會發生。

3 | 艾羅、囚犯與妥協
Arrow, Prisoners, and Compromise

> 有個男孩在他房間裡悄悄地手淫，不巧被他媽媽
> 撞見。「兒子啊！不能做那檔事，不然你會瞎掉
> 的。」
> 「可是，媽！我總不能等到戴老花眼鏡時才做
> 吧？」
>
> 威脅世界安全的兩項危險事物——秩序與無秩
> 序。
>
> ——保羅‧瓦萊里(Paul Valéry)

自古希臘以來，中庸(moderation)就被視爲一種美德。
然而，「舉止中庸」這個古訓卻有此問題：它若沒有某種
標準來衡量人以及其行動的話，幾乎就毫無意義可言。就
算是在基礎數學那裡，也會面臨「中庸」的困難。假設一
立方體的邊長介於0到2英寸之間，而且我們不知道立方體
的體積大小，則我們會說立方體的平均邊長是1英寸。然
而，如果我們考慮的是立方體的體積，由於其分布在0到8
立方英寸之間，所以我們會說立方體的平均體積爲4立方英
寸。因此，基於使用兩種不同的標準，這個「平均的」立
方體就會有1英寸的邊長、4立方英寸的體積。

　　在十八世紀晚期，邊沁(Jeremy Bentham)試圖發展一種
「享樂計算法」(hedonic calculus)，以衡量一個行動的正效
益及負效益。藉此工具之助，我們得以「做出效益總量最
大化的行動」（一九四八）。那麼，這個神奇的計算法是
如何衡量正、負效益，或講得更白點，是如何去衡量快樂
與痛苦呢？不幸的是（或許這才是幸運的），這種計算法
並不存在。邊沁及其後人皆找不到合理的方法（也沒有什
麼竅門可找到不合理的或獨斷的方法，甚至縮小脈絡範圍
也找不到合理的方法），來將人類生活中諸多不可共量的
事物加總起來。

　　雖然邊沁較少談及如何去比較不同性質的效益——如
美麗與智慧、健康與財富——但他主張：不論是任何一種
性質，考慮其「範圍」、「持久」及「強度」這幾個向度
乃是合理的。它們當然是合理的；但問題是我們要如何去
計算一性質的這些向度呢？譬如說，與朋友的一席談話會
為人帶來多持久的幸福呢——半個小時，一個星期，還是
一輩子？這些向度的價值跟那個被評價的性質之關係又是
如何呢？一本書的幽默程度跟其所含笑話數之多寡有何關
係？人際間能否比較內在活動的強度？說「喬治愛他的兒
子」更甚於「瑪莎愛她的丈夫」，這是否有意義可言？總
之，我們不但找不到方法來比較蘋果與柳橙，甚至也沒有
什麼通用的方法可替蘋果區分等級。

　　儘管如此，仍有一些依**特定目的**來替蘋果區分等級的
方法——例如重量、甜度、表皮厚度、含蟲數等等。同樣
的，也有一些方法是依特定目的來評估美女（髮色、皮膚

粗糙度、耳朵大小等等）、理解力（特殊直覺、字彙、記憶等等）、健康（重量、各種血球數、開刀次數等等）。只要這些依特定目的而來的整理排列方式被認為是粗糙的、依情況而定、有條件性的，那麼大多數的這種粗糙排列方式都會被認為是無效的。

　　瑪莎：他聰明嗎？

　　馬托：是呀！他智商一六○。

　　瑪莎：他有錢嗎？

　　馬托：他年薪四十萬美元。

　　瑪莎：他帥嗎？

　　馬托：跟他相較起來，劉德華只稱得上是蔡頭而已。

　　瑪莎：他親切嗎？性感嗎？

　　馬托：每個人都認識他。他不論在哪個舞會都會被女孩們團團環繞。

　　瑪莎：那你喜歡他嗎？

　　馬托：我不喜歡看到他。他讓人覺得不自然、假假的，而且心思不夠纖細。光聽到他的聲音就會讓我全身起雞皮疙瘩。

◙

　　喬治：今天好熱呀！我想有華氏八十度吧！

　　瓦多：是呀！昨晚才四十度呢！現在是它的兩倍

熱呢！

　　　　　　回

　　說到炎炎夏日，有個中西部的州議員反對通過日光節
約法案，因為增加日光會讓窗簾及布料更快褪色。⑥

　　　　　　回

　　平衡、中庸、透視觀，以及和諧地整合不同元素皆被
視為是有價值的，這點可從缺乏它們時會引人發笑來被證
明。尤其是誇張與扭曲常常會讓人覺得幽默。下面這個老
故事出自於蕭伯納(George Bernard Shaw)。不過，用在葛
佬秋身上似乎更適合：

**葛佬秋（在一場優雅的晚宴中對鄰座的女士
說）**：妳願意為了一千萬元跟我睡覺嗎？
女士（咯咯笑）：喔！葛佬秋，我當然願意。
葛佬秋：那麼十五元呢？
女士（憤怒）：什麼？你以為我是那種人嗎？
葛佬秋：妳剛剛已經承認了呀！現在我們只是在
討價還價罷了。

　　　　　　回

　　政治是一門平衡與妥協的藝術。想想看此一事實：自

由及平等這兩個最爲重要的理想，就其最純粹的形式而言
是不相容的；完全的自由會導致不平等，然而強制的平等
則會致使喪失自由。因此，自由與平等必須要加以平衡、
精緻化，成爲有條件的。在政治上，右派與左派間的差異
能被簡化描述爲兩命題之間的差異，亦即**從事**（言論、遷
徙、買賣等等）的自由與**免除**（飢餓、失業等等）的自由
之間的差異。下面這兩個故事恰恰指出了這些差異：

> 喬治與瓦多看到兩個蘋果，一大一小。喬治馬上
> 抓住大蘋果，狼吞虎嚥地吃掉，而瓦多只好去拿
> 那個小蘋果。

> **瓦多**：喬治，你這樣不太禮貌。如果是我先到這
> 裡的話，我會把大蘋果留給你。
> **喬治**：那你還在抱怨些什麼呢？你已拿到你想要
> 的了。

喬治、瑪莎、瓦多與馬托看到一條麵包。他們決定依
如下程序來平均分配：喬治依自己的估計將這條麵包切下
四分之一份。如果瑪莎認爲這片有四分之一或者更小，她
就不碰它；如果她認爲這片比四分之一還多，她就將之再
切下一小片，使剛好爲四分之一。如果瓦多認爲這片麵包
仍然比四分之一還多的話，就再予以修剪，否則就不去碰
它。最後，馬托也有相同的選擇權：若它太大就加以修
剪，否則就不去碰它。而最後一個碰到這片麵包的人，就

可以擁有它。當這一輪結束後，剩下的三個人必須將剩餘
的麵包再平均分配。延續同樣的程序：第一個人切下他認
為的三分之一份……以此方式進行，每個人都會滿意地獲
得四分之一份的麵包。

　　　　　　　　回

　　下面這個故事出自於蘇牧羊（一九八○）：

喬治：哇，有巧克力蛋糕。我要把它全部吃掉。
瑪莎：我也想要吃。我們應該把它平分才對。
喬治：我想要吃掉一整個。
瑪莎：不行！我們必須將它平分。不然我們請馬
　　托來定奪。她一向是公正的。
馬托：你們應該彼此妥協：喬治分到四分之三，
　　瑪莎妳則分四分之一。

　　沙爾(Mort Sahl)曾提到，在一九八○年大選時，有許
多人與其說是投票給雷根(Ronald Reagan)，不如說是投票
反對卡特(Jimmy Carter)。他還說：「如果雷根沒有競選對
手的話，他就會輸掉選舉。」

　　　　　　　　回

　　人人通常有各自不同的喜好，而集體喜好則必須由其
構成。但這在實踐上無疑是個困難的問題。從某種的意義
來講，它在理論上的問題更加困難，甚至根本不可能達

成。

　首先來看一下十八世紀法國哲學家康多塞(Condorcet)所說的投票謬誤(voting paradox)。三位候選人——喬治、瑪莎與瓦多——正在競選維斯康諾瓦(Wisconowa)的首長。三分之一的選民支持喬治勝於瑪莎、更勝於瓦多；另外三分之一的選民支持瑪莎勝於瓦多、更勝於喬治；最後三分之一的選民則支持瓦多勝於喬治、更勝於瑪莎。這並沒什麼特別不尋常之處，除非我們是以上述喜好為根據來看看兩個人之間的競爭情形。喬治可以吹噓說，有三分之二的選民會支持他，而非瑪莎。瓦多則回應說，有三分之二的選民支持他而非喬治。最後，瑪莎反駁說，有三分之二的選民支持她而非瓦多。

　在這個例子中，如果社會的喜好是由多數決來決定的話，那麼我們就會有一個不合理的社會支持順序——亦即，「社會」支持喬治勝於瑪莎、支持瑪莎勝於瓦多、支持瓦多勝於喬治。因此，即使每一個別選民的喜好都會遞衍〔當一個選民支持 x 勝於 y，且支持 y 勝於 z 時，如果他／她也支持 x 勝於 z，這就是遞衍(transitivity)〕，由多數決所決定出來的社會喜好也不必然是遞衍的（合理的）。

　有個普遍定理能證明出：所有「合理的」投票系統（或如經濟市場體系）都受制於這種不合理性。但是，在我們討論這點之前應先指出，就算是個人也難逃康多塞謬誤。

　數學家哈爾默思(Paul Halmos)曾提出此謬誤的另一版本，可適用於個人的情形。想像一下有位婦人試圖要從這

三輛車中挑選一輛出來：G車、M車、W車。她很有條理
地根據這三個判準（不偏重任一者）來做決定：外觀、經
濟負擔程度，與性能。G車比M車好看，M車比W車好看。
另一方面，M車則比W車還負擔得輕些，W車又比G車負擔
更輕。最後，W車性能比G車好，G車又比M車好。既然這
位婦人認為這些判準一樣重要，她就陷入了窘境。她無疑
是喜歡G車勝於M車（從兩項判準中看出G的得分比M還
高）。她也喜歡M車勝於W車（理由同前）。然而，她也
喜歡W車勝於G車。

　　雖然對個人而言，非遞衍性問題也一樣成立，但是它
似乎比較容易解決。在上述例子裡，你只須引導那婦人去
澄清哪一個判準比其他的還要重要就夠了。畢竟這總比去
說服三分之一的選民改變心意要來得簡單得多。

　　經濟學家艾羅(Kenneth J. Arrow)有趣地證實了康多塞
謬誤是可普遍化的（一九五一）。他指出，就算是滿足了
下列四項最低限度的條件，仍舊沒有辦法從個人喜好中推
衍出社會或群體的喜好：社會喜好⑴必須是遞衍的（如果
社會偏愛 x 勝於 y、y 勝於 z，那麼它必須偏愛 x 勝於 z）
；⑵必須滿足帕雷脫原理(Pareto Principle)（如果社會中每
個人都偏愛選擇 x 勝於選擇 y，則這社會必須偏愛 x 勝於
y）；⑶必須不受不相關選擇的影響（社會喜好只能依據個
人在當時環境下的相關選擇順序來決定）；及⑷必不容許
有獨裁的情形（沒有任何個人的喜好會自動決定社會的所
有喜好）。

🌀

共產黨員：資本主義根本是「以非人性的方式來
對待人」。

喬治：沒錯，而共產主義則是倒行逆施。⑦

　　汽車保險桿上的貼紙寫著：**我信神所言，這就能得救**
(GOD SAID IT, I BELIEVE IT, AND THAT SETTLE'S IT.)
（這個省略符號才最為令人雋永。）⑧

🌀

　　有一隻蠍子想要過河去。牠發現有隻烏龜在岩石
上，遂問烏龜是否能載他過河。他會告訴烏龜哪
邊有甜美多汁的植物可吃，以作為回報。
烏龜回答道，「我怎知你會不會趁機螫刺我？」
「別傻了！」蠍子回答：「若我這麼做的話，我
們兩個都會跌落河裡。」
烏龜相信了，所以牠們就開始游向蠍子所說的那
塊有植物的地方。就在牠們快要到達河的對岸
時，蠍子終究還是以尾刺螫了烏龜的脖子。烏龜
在奮力爬上岸後，喘著氣說：「為什麼呢？你為
什麼這麼對我？」
蠍子從垂死的烏龜背上跳下來，解釋道：「我以
為你要潛入水裡淹死我。」

〇

　囚犯兩難(Prisoners' Dilemma)則是另一個牽涉到社會情境的古老謎題。設想有兩個囚犯瓦多與喬治，其真正的犯罪證據未被完全查獲。雖然這兩個囚犯真的有犯案，但是如果兩人都不吐漏半句的話，則只會獲判輕刑（約一年徒刑）。如果喬治坦承犯罪，而瓦多堅不吐露，則喬治會被釋放，而瓦多會被判五年徒刑。相反的，如果瓦多說了，而喬治不說，則瓦多會被釋放，喬治會被判刑五年。按此，每個人都可選擇供認與否。如果兩人皆供認罪行，則每個人皆獲三年徒刑；如果兩人都三緘其口，則每個人只被判刑一年；如果A供認，而B不供認，則A被釋放而B判刑五年。

　最後的結局是這樣的：一般認為最佳的選擇（即保持沉默）並非喬治與瓦多最可能採取的；他們倆都很可能會供認罪行，以免成為另一個人的代罪羔羊。當然，這個情況並不僅局限於囚犯的例子。婚禮中的兩配偶、競爭市場中的生意人，以及國際政府間的軍備競賽，全都被這種囚犯兩難所支配。亞當‧斯密(Adam Smith)說，那看不見的手能確保在追求個人利益時必然會增進群體福利，這種說法有時是相當行不通的。

〇

　就像艾羅謬誤與囚犯兩難的結果一樣，那些在社會科學中有關量化與衡量的著名問題（我們得這麼做：快樂度

6.28、痛苦度 2.89），以及所有說明（尤其是內涵說明）
中的內在危險，都可能（雖然不太會）導致我們在預測自
身、社會，及未來之時，變成個戒慎恐懼的懷疑論者。卡
羅的露齒嘻笑貓(Cheshire Cat)提醒我們，那決定未來之唯
一最重要的（也是最出乎意料的）因素是：

> 「請你告訴我，我應該朝哪個方向走呢？」愛麗
> 絲問道。
> 「這得要看你想要到哪兒去。」貓兒說。

譯註：
①英文「spirit」一詞亦有「烈酒」一義。
②英文「left」亦是「leave（離開）」的過去分詞，故「Bear Left」
　另有「熊已離去」之意。
③意向說明(intentional explanation)，即內涵說明。
④此出自古希臘悲劇故事：底比斯(Thebes)的英雄伊底帕斯命定殺
　父娶母，儘管其與生父皆力圖避免此事，但終仍難逃命運擺弄。
　此處意謂，在內涵脈絡中，儘管「優卡斯塔」和「伊底帕斯的母
　親」指稱相同的對象，但是後者卻無法在「伊底帕斯想娶優卡塔
　斯」中來替換「優卡塔斯」，而保持其真值不變。
⑤「馬克斯威爾之魔」是電磁學上一個想像的思想實驗，此魔鬼能
　把移動較快的分子和移動較慢的分子隔開，造成氣體熵值的減

少。

⑥美國中西部盛產棉花，後者為窗簾與織布的常見主要原料。

⑦亦即「以人的方式來對待非人」。

⑧此句本應是「that settles it」，無省略符號；但是在「settles」加上一撇後，令原來的動詞「settle」在文法上得當作名詞解釋（即長椅之義），省略符號表示的是動詞「is」，造成最後一句有不同的解釋。因此這貼紙所言其實是：「神提到它，我相信它，而它就是那張長椅。」

後記
Afterword

> 當我年輕時，我忘記笑。後來當我張開眼、看到
> 了現實，我才開始笑，自此不曾停歇過。
>
> ——祁克果

維根斯坦曾說，他期待有一天看到哲學不再是一門孤
芳自賞的學科，而能深入到所有其他的學科裡。就此觀點
而言，哲學是（或者說應該是）作為副詞：我們哲學地
(philosophically)從事語言學、哲學地研究科學、哲學地探
究政治問題。幽默或者遊戲也有類似的特徵。幽默很難成
為一項活動的重點所在。宣稱「我們現在要說笑話，而且
它很好笑」，這讓人聽起來的確挺霸道的。幽默也是做為
副詞，用來形容我們處理其他活動的方式：我們幽默地(hu-
morously)回答問題、幽默地分析處境、幽默地寫作或說
話。

當然，「迅速地」、「痛苦地」，及「令人反感地」
也是副詞，不過我希望我已讓你們了解到：至少「哲學
地」與「幽默地」就其最佳表現形式而言，不僅只是副詞
狀態而已。這兩者都需要有一個在相對開放社會中的自由
心靈，並且都對語言以及其詮釋（錯誤詮釋）極為關切，
同時懷有拆穿假面的懷疑論傾向。多數笑話的核心處總有

一種不和諧，而這就像多數哲學問題的核心之謎一樣。同樣地，多數笑話中那種挑釁的口吻，以及其所助長的社會控制，也類似於諸多哲學論文中那種愛爭辯的本性，及其對理智的控制。然而須再一提的是，這種挑釁口吻與爭辯本性是有明確限制的，而且還預設要有個獨立他人存在的理智。

最後，幽默感與哲學都是人類才有的，皆需要一種人類特有的、超越自身及其處境的能力。我們不可能看不到期望（或虛偽）與現實之間的不一致（而我們有時會受其折磨）。哲學與幽默感就是兩種用來回應此不一致性的方式。我思，故我笑。

我們故事的主人翁們——維根斯坦、羅素、卡羅，及馬剋士——正在討論「什麼是哲學？」這個問題。我們不妨加入他們的討論，以做為結尾。

維根斯坦：我再說一次，這個問題問得不好。「哲學」這個詞有一整個使用家族。再者，我最初就是想去澄清、指出如何將一段偽裝過的胡扯還其真面目。正如我所一向堅持的：如果我們不想要有誤解的話，其就必須被加以治療。
葛佬秋：這是不是就像在治療那些蹩腳演員一樣？
羅素：我想，你會問出這個問題就表示，你對維

根斯坦先生所說的相當了解。

葛佬秋：伯帝，這種自我指涉的把戲沒什麼大不了的。我們現在不是在電梯裡。我了解路德維希的論點，可是你們這些傢伙所想的其他哲學問題都像在吹毛求疵，而且太技術性。但是對於生命意義、上帝之死、我的電視重播費用這些大問題又如何呢？

羅素：與其去對那堆所謂的大問題胡亂瞎扯，還不如做點有真正進展的事情，譬如關於確認與或然性的意義、邏輯與科學法則的本質、化約主義、人工智慧，及內涵說明。至於那些大問題（至少是那些有意義的大問題），都會跟此相關。有時它們能透過這些小問題的解答獲得澄清，有時則否。就算不能，去聽那些糊塗宗教人士的說詞也不能幫上什麼忙。勇敢承認無知才是更可取的。

葛佬秋：冷靜點，伯帝。就算沒有那些糊塗的宗教人士，我們倆仍可能無事可做，不然更慘的是跑去當律師。或許我所要指的——或所要治療的（路德維希會這麼說）——是：這差別何在？這些小問題的解答（或其他類似物）在五萬年之後還有何差別？到那時既不會重播我的影片，也不會有什麼《數學原理》(*Principia Mathematica*)、路德維希的《哲學探究》(*Philosophical Investigations*)，或甚至《愛麗絲漫遊奇境》。

卡羅（克服害羞，結巴地說）：也許，我們現在所做的，沒—沒—沒有什麼會對五萬年後造成影響，但是**如果**真有這回事的話，則情況似乎是：五萬年後會發生的事，對**現在**也沒什麼差別可言。我們現在所做的在五萬年後也不會有所差別，這點對我們現在來講更是無差別可言。

葛佬秋：我不跟你爭論時間的問題，不信的話你可以拿你的海象來打賭。事實上，在談論這許多事時，時間已白白耗掉了。夠了！如果你們還是堅持這樣的談話方式，我會生氣地離開，或者現在就馬上生氣地離開。算了，告訴你們吧！我現在要跟我們的老朋友瑪莎親熱去了。幸運的是，她丈夫喬治和瓦多尋找綠藍(grue)寶石去了。

（葛佬秋慵懶地走了，留下這三個一臉狐疑的哲學家。）

參考書目

Anobile, Robert J., ed. 1971. *Why a Duck*. New York: Darien House.

Arrow, K. J. 1951. *Social Choice and Individual Values*. New York: Wiley.

Barker, Stephen. 1964. *Philosophy of Mathematics*. Englewood Cliffs, N.J.: Prentice-Hall.

Bateson, Gregory. 1958. The Message "This Is Play." In B. Schaffner, ed., *Group Processes: Transactions of the Second Conference*. New York: Josiah Macy Jr. Foundation.

Bell, J. S. 1964. *Physics*.

Bentham, Jeremy. 1948. *An Introduction to the Principles of Morals and Legislation*. New York: Hafner.

Bergson, Henri. 1911. *Laughter: An Essay on the Meaning of the Comic*. New York: Macmillan.

Bohm, D. 1951. *Quantum Theory*. Englewood Cliffs, N.J.: Prentice-Hall.

Brody, Baruch. 1970. *Readings in the Philosophy of Science*. Englewood Cliffs, N.J.: Prentice-Hall.

Carroll, Lewis. 1946. *Alice's Adventures in Wonderland* and *Through the Looking Glass*. New York: Grosset and Dunlap.

Chaitin, Gregory. 1965. Randomness and Mathematical Proof. *Scientific American*, March.

Chaitin, Gregory. 1966. Complexity Theory. *Communications of the ACM*, August.

Davidson, Donald. 1963. Actions, Reasons, and Causes. *Journal of Philosophy* 60.

Dawkins, Richard. 1976. *The Selfish Gene*. New York: Oxford University Press.

DeLong, Howard. 1970. *A Profile of Mathematical Logic*. Reading, Mass.: Addison-Wesley.

Dennett, Daniel. 1978. *Brainstorms*. Vermont: Bradford Books.

Descartes, René. 1977. Meditations on First Philosophy. In *Classics of Western Philosophy*. Indianapolis: Hackett.

Dretske, Fred. 1971. Conclusive Reason. *Australasian Journal of Philosophy* 49.

Enderton, Herbert. 1972. *A Mathematical Introduction to Logic.* New York: Academic Press.

Eves, Howard. 1958. *Mathematical Circles Adieu.*

Farzan, Massud. 1973. *Another Way of Laughter.* New York: E. P. Dutton.

Frege, Gotlob. 1949. On Sense and Nominatum. In Herbert Feigl and Wilfrid Sellars, eds., *Readings in Philosophical Analysis.* New York: Appleton-Century-Crofts.

Freud, Sigmund. 1966. Project for a Scientific Psychology. In *The Standard Edition of the Complete Psychological Works of Sigmund Freud.* London: Hogarth Press and Institute for Psychoanalysis.

Fry, W. F. 1963. *Sweet Madness: A Study of Humor.* Palo Alto, Calif.: Pacific Press.

Gardner, Martin. 1973. Mathematical Games. *Scientific American,* July.

Gardner, Martin. 1981. *Gotcha.* San Francisco: Freeman Press.

Gettier, Edmund L. 1963. Is Justified True Belief Knowledge? *Analysis* 23.

Goodman, Nelson. 1965. *Fact, Fiction, and Forecast.* New York: Bobbs-Merrill.

Grice, H. P. 1957. Meaning. *Philosophical Review.*

Hempel, Carl. 1965. *Aspects of Scientific Explanation.* New York: Free Press.

Hofstadter, Douglas. 1982 and 1983. Metamagical Themas Column. *Scientific American,* January issues.

Hume, David. 1977. An Inquiry Concerning Human Understanding. In *Classics of Western Philosophy.* Indianapolis: Hackett.

Kant, Immanuel. 1977. Prolegomena to Any Future Metaphysics. In *Classics of Western Philosophy.* Indianapolis: Hackett.

Kripke, Saul. 1975. Outline of a Theory of Truth. *Journal of Philosophy*.

MacKay, D. M. 1964. Brain and Will. In *Body and Mind*. London: Allen and Unwin.

Malcolm, N. 1958. *Ludwig Wittgenstein: A Memoir*. London: Oxford University Press.

Margolis, Joseph. 1978. *An Introduction to Philosophical Inquiry*. New York: Knopf.

Mermin, N. David. 1981. Quantum Mysteries for Anyone. *Journal of Philosophy*.

Monk, Ray. 1983. *Ludwig Wittgenstein: Duty of Genius*. New York: Penguin.

Nozick, Robert. 1981. *Philosophical Explanations*. Cambridge, Mass.: Harvard University Press.

Nozick, Robert. Newcombe's Problem and Two Principles of Choice. In *Essays in Honor of Carl G. Hempel*. Dordrecht: Reidel.

Pagels, Heinz R. 1982. *The Cosmic Code*. New York: Simon and Schuster.

Pascal, Blaise. 1966. *Pensées*. London: Penguin Books.

Paulos, John A. 1980. *Mathematics and Humor*. Chicago: University of Chicago Press.

Pitcher, George. 1966. Wittgenstein, Nonsense, and Lewis Carroll. *Massachusetts Review*.

Poincaré, Henri. 1913. *The Foundations of Science*. New York: Science Press.

Popper, Karl. 1959. *The Logic of Scientific Discovery*. London: Hutchinson.

Popper, Karl. 1972. *Objective Knowledge*. Oxford: Oxford University Press.

Putnam, Hilary. 1975a. The Logic of Quantum Mechanics. In *Mathematics, Matter and Method*. Cambridge: Cambridge University Press.

Putnam, Hilary. 1975b. Minds and Machines. In *Mind, Language and Reality*. Cambridge: Cambridge University Press.

Quine, W. V. O. 1953. Two Dogmas of Empiricism. In *From a Logical Point of View*. Cambridge, Mass.: Harvard University Press.

Quine, W. V. O. 1960. *Word and Object*. Cambridge, Mass.: MIT Press.

Reichenbach, Hans. 1949. On the Justification of Induction. In Herbert Feigl and Wilfrid Sellars, eds., *Readings in Philosophical Analysis*. New York: Appleton-Century-Crofts.

Rosten, Leo. 1968. *The Joys of Yiddish*. New York: McGraw-Hill.

Russell, Bertrand. 1956. On Denoting. In R. C. Marsh, ed., *Logic and Knowledge*. London: Allen and Unwin.

Russell, Bertrand. 1924. *Introduction to Mathematical Philosophy*. New York: Macmillan.

Russell, Bertrand and A. N. Whitehead. 1910. *Principia Mathematica*. Cambridge: Cambridge University Press.

Salmon, Wesley. 1977. A Third Dogma of Empiricism. In *Basic Problems in Methodology and Linguistics*. Dordrecht: Reidel.

Skyrms, Brian. 1966. *Choice and Chance*. Belmont, Calif.: Dickenson.

Smullyan, Raymond. 1980. *This Book Needs No Title*. Englewood Cliffs, N.J.: Prentice-Hall.

Turing, Alan M. 1950. Computing Machinery and Intelligence. *Mind* 59.

Watzlawick, Paul. 1977. *Behavior and Paradox*.

Wittgenstein, Ludwig. 1953. *The Philosophical Investigations*. Oxford: Blackwell.

Wittgenstein, Ludwig. 1961. *Tractatus Logico-Philosophicus*. Translated by D. F. Pears and B. F. McGuinness. London: Routledge and Kegan Paul.

內文簡介：

　　維根斯坦曾說，他期待有一天看到哲學不再是一門孤芳自賞的學科，而能深入到所有其他的學科裡。數學大師包洛斯便根據這個構想，寫了這本由許多趣味軼事構成的哲學書。

　　全書由哲學軼事、哲學命題、典故的反諷與輕鬆面為主。從兩對分析哲學史上有名的冤家談起：維根斯坦與羅素、卡羅與馬剋士。進而涉及邏輯命題，針對科學原理：如因果律、化約論、統計，以及確認與或然性的意義、邏輯與科學法則的本質、化約主義、人工智慧等議題，探索抽象哲學與日常生活關懷之間的關連。

　　我思，故我笑。哲學與幽默這兩者都需要有一個在相對開放社會中的自由心靈，並且都對語言以及其詮釋極為關切，同時懷有拆穿假面的懷疑論傾向。幽默感與哲學都是人類才有的，皆需要一種人類特有的、超越自身及其處境的能力。我們不可能看不到期望與現實之間的不一致，因此，哲學與幽默感就是兩種用來回應此人生境遇不一致性及差異的方式，也是本書試圖在嚴肅的哲學議題中，提出另類思考的緣起。

作者：

包洛斯(John Allen Paulos)

　　暢銷書作者兼數學家，費城天普大學(Temple University)數學系教授。包洛斯博士寫了數本書，包括 *Innumeracy: Mathematical Illiteracy and Its Consequences, A Mathematician Reads the Newspaper,* and *Once Upon a Number*。廣播電台的聽者在「國家公共廣播電台」的「談談國家」(Talk of the Nation)和「科學星期五」(Science Friday)節目可以聽到他。他也爲下列報刊寫作：《發現雜誌》、《紐約時報書評》、《國家》、《紐約書評》、《華盛頓郵報的書世界》、《紐約時報》、《洛杉磯時報》、《華盛頓郵報》。

校訂者：
陳瑞麟
東吳大學哲學系助理教授，專長科學哲學，語言哲學，有多篇相關論文在國內外期刊發表，並譯有《感覺與所感覺的事物》、《傅柯》、《現代生死學系列》等書。

譯者：
古秀鈴
台灣大學哲學研究所碩士。
蔡政宏
台灣大學哲學研究所碩士班畢業，目前就讀台灣大學哲學研究所博士班。
蔡偉鼎
台灣大學哲學研究所碩士。研究興趣爲美學、倫理學及語言哲學，專攻高達美哲學詮釋學。

校對：
馬興國
中興大學社會系畢業，資深編輯。
李鳳珠
台灣大學中文系畢業，專業校對。

羅洛·梅 Rollo May

愛與意志
生與死相反，
但是思考生命的意義
卻必須從死亡而來。

ISBN:978-957-0411-23-2
定價：380元

自由與命運：
羅洛·梅經典
生命的意義除了接納無
可改變的環境，
並將之轉變為自己的創造外，
別無其他。
中時開卷版、自由時報副刊
書評推薦
ISBN:978-986-6513-93-0
定價：360元

創造的勇氣：
羅洛·梅經典
若無勇氣，愛即將褪色，
然後淪為依賴。
如無勇氣，忠實亦難堅持，
然後變為妥協。

中時開卷版書評推薦
ISBN:978-986-6513-90-9
定價：230元

權力與無知：
羅洛·梅經典
暴力就在此處，
就在常人的世界中，
在失敗者的狂烈哭聲中聽到
青澀少年只在重蹈歷史的覆轍。

ISBN:978-986-360-068-8
定價：350元

哭喊神話
呈現在我們眼前的....
是一個向神話消解的世代。
佇立在過去事物的現代人，
必須瘋狂挖掘自己的根，
即便它是埋藏在太初
遠古的殘骸中。

ISBN:978-986-360-075-6
定價：380元

焦慮的意義
焦慮無所不在，
我們在每個角落
幾乎都會碰到焦慮，
並以某種方式與之共處。

聯合報讀書人書評推薦
ISBN:978-986-7416-00-1
定價：420元

尤瑟夫·皮柏 Josef Pieper
二十世紀最重要的哲學著作之一

閒暇：一種靈魂的狀態 誠品好讀重量書評推薦
Leisure, The Basis of Culture
德國當代哲學大師經典名著

本書摧毀了20世紀工作至上的迷思，
顛覆當今世界對「閒暇」的觀念
閒暇是一種心靈的態度，
也是靈魂的一種狀態，
可以培養一個人對世界的關照能力。

ISBN:978-986-6513-09-1
定價：250元

C. G. Jung 榮格對21世紀的人說話
發現人類內在世界的哥倫布

**榮格早在二十世紀即被譽為是
二十一世紀的心理學家,因為他的成就
與識見遠遠超過了他的時代。**

人及其象徵:
榮格思想精華
Carl G. Jung ◎主編
龔卓軍 ◎譯

中時開卷版書評推薦
ISBN: 978-986-6513-81-7
定價:390元

榮格(右一)與弗洛依德(左一)在美
國與當地學界合影,中間為威廉‧詹姆
斯。

榮格心靈地圖
人類的先知,
神秘心靈世界的拓荒者
Murray Stein◎著
朱侃如 ◎譯
中時開卷版書評推薦
ISBN: 978-986-360-082-4
定價:320元

榮格‧占星學
重新評估榮格對
現代占星學的影響
Maggie Hyde ◎著
趙婉君 ◎譯

ISBN: 978-986-6513-49-7
定價:350元

導讀榮格
超心理學大師
榮格全集導讀
Robert H. Hopcke ◎著
蔣韜 ◎譯

ISBN: 978-957-8453-03-6
定價:230元

榮格(漫畫)
認識榮格的開始
Maggie Hyde ◎著
蔡昌雄 ◎譯

ISBN: 957-9935-91-2
定價:195元

大夢兩千天
神話是公眾的夢
夢是私我的神話
Anthony Stevens ◎著
薛絢 ◎譯

ISBN: 978-986-7416-55-1
定價:360元

夢的智慧
榮格的夢與智慧之旅
Segaller & Berger ◎著
龔卓軍 ◎譯

ISBN: 957-8453-94-9
定價:320元

國家圖書館出版品預行編目資料

我思，故我笑（第二版）／包洛斯（John
Allen Paulos）作；古秀鈴、蔡政宏、蔡偉鼎譯
　二版.－新北市新店區：立緒文化，民 105.03
　　面；　公分
　譯自：I Think, Therefore I Laugh: the flip side of
　　　　philosophy
　　ISBN 978-986-360-059-6（平裝）

1.西洋哲學　2.邏輯

140　　　　　　　　　　　　　　　105003027

我思，故我笑（第二版）I Think, Therefore I Laugh

出版──立緒文化事業有限公司（於中華民國 84 年元月由郝碧蓮、鍾惠民創辦）
作者──包洛斯（John Allen Paulos）
校訂──陳瑞麟
譯者──古秀鈴、蔡政宏、蔡偉鼎

發行人──郝碧蓮
顧問──鍾惠民

地址──新北市新店區中央六街 62 號 1 樓
電話──(02)22192173
傳真──(02)22194998
E-Mail Address: service@ncp.com.tw
網址：http://www.ncp.com.tw
劃撥帳號──1839142-0 號　立緒文化事業有限公司帳戶
行政院新聞局局版臺業字第 6426 號

總經銷──大和書報圖書股份有限公司
電話──(02)8990-2588　傳真──(02)2290-1658
地址──新北市新莊區五工五路 2 號
排版──辰皓電腦排版有限公司
印刷──祥新印刷股份有限公司

法律顧問──敦旭法律事務所吳展旭律師

分類號碼──140.00.001
ISBN 978-986-360-059-6
出版日期──中華民國 90 年 2 月～102 年 10 月初版　一～四刷(1～5,500)
　　　　　　中華民國 105 年 3 月二版　一刷(1～500)
　　　　　　中華民國 106 年 5 月二版　二刷(501～1,000)

定價◎199 元

立緒文化事業有限公司　信用卡申購單

■信用卡資料

　信用卡別（請勾選下列任何一種）

　□VISA　□MASTER CARD　□JCB　□聯合信用卡

　卡號：_____

　信用卡有效期限：_____年_____月

　訂購總金額：_____

　持卡人簽名：_____（與信用卡簽名同）

　訂購日期：_____年_____月_____日

　所持信用卡銀行_____

　授權號碼：_____（請勿填寫）

■訂購人姓名：_____性別：□男□女

　出生日期：_____年_____月_____日

　學歷：□大學以上□大專□高中職□國中

　電話：_____　職業：_____

　寄書地址：□□□

_____

■開立三聯式發票：□需要　□不需要（以下免填）

　發票抬頭：_____

　統一編號：_____

　發票地址：_____

■訂購書目：

　書名：_____、____本。書名：_____、____本。

　書名：_____、____本。書名：_____、____本。

　書名：_____、____本。書名：_____、____本。

　共_____本，總金額_____元。

⊙請詳細填寫後，影印放大傳真或郵寄至本公司，傳真電話：(02)2219-4998

年度好書在立緒

文化與抵抗
● 2004年聯合報讀書人
　最佳書獎

威瑪文化
● 2003年聯合報讀書人
　最佳書獎

在文學徬徨的年代
● 2002年中央日報十大好
　書獎

**菸草、咖啡、酒，
上癮五百年**
● 2002年中央日報十大好
　書獎

遮蔽的伊斯蘭
● 2002年聯合報讀書人
　最佳書獎
● News98張大春泡新聞
　2002年好書推薦

弗洛依德傳
（弗洛依德傳共三冊）
● 2002年聯合報讀書人
　最佳書獎

以撒‧柏林傳
● 2001年中央日報十大
　好書獎

宗教經驗之種種
● 2001年博客來網路書店
　年度十大選書

文化與帝國主義
● 2001年聯合報讀書人
　最佳書獎

鄉關何處
● 2000年聯合報讀書人
　最佳書獎
● 2000年中央日報十大
　好書獎

東方主義
● 1999年聯合報讀書人
　最佳書獎

航向愛爾蘭
● 1999年聯合報讀書人
　最佳書獎
● 1999年中央日報十大
　好書獎

深河(第二版)
● 1999年中國時報開卷
　十大好書獎

田野圖像
● 1999年聯合報讀書人
　最佳書獎
● 1999年中央日報十大
　好書獎

西方正典(全二冊)
● 1998年聯合報讀書人
　最佳書獎

神話的力量
● 1995年聯合報讀書人
　最佳書獎

) 立緒 文化 閱讀卡

姓　名：

地　址：□□□

電　話：(　　)　　　　　　　傳　真：(　　)

E-mail：

您購買的書名：_____

購書書店：_____市（縣）_____書店

■您習慣以何種方式購書？
　□逛書店 □劃撥郵購 □電話訂購 □傳真訂購 □銷售人員推薦
　□團體訂購 □網路訂購 □讀書會 □演講活動 □其他_____

■您從何處得知本書消息？
　□書店 □報章雜誌 □廣播節目 □電視節目 □銷售人員推薦
　□師友介紹 □廣告信函 □書訊 □網路 □其他_____

■您的基本資料：

性別：□男 □女　婚姻：□已婚 □未婚　年齡：民國_____年次

職業：□製造業 □銷售業 □金融業 □資訊業 □學生
　　　□大眾傳播 □自由業 □服務業 □軍警 □公 □教 □家管
　　　□其他_____

教育程度：□高中以下 □專科 □大學 □研究所及以上

建議事項：

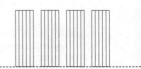
愛戀智慧 閱讀大師

立緒 文化事業有限公司　收

新北市 2 3 1

新店區中央六街62號一樓

- -

請沿虛線摺下裝訂，謝謝！

感謝您購買立緒文化的書籍

為提供讀者更好的服務，現在填妥各項資訊，寄回閱讀卡

（免貼郵票），或者歡迎上網至http://www.ncp.com.tw，加

入立緒文化會員，即可收到最新書訊及不定期優惠訊息。